am 1.NOV 96
— Hit
Maco in
Bolin

rowohlts monographien
begründet von Kurt Kusenberg
herausgegeben
von Wolfgang Müller

Molière

mit Selbstzeugnissen
und Bilddokumenten
dargestellt von
Friedrich Hartau

Rowohlt

Dieser Band wurde eigens für «rowohlts monographien» geschrieben
Den Anhang besorgte der Autor, das Register Claudine Hartau
Die Bibliographie wurde für den vorliegenden Nachdruck von
Wolfgang Beck überarbeitet und ergänzt
Herausgeber: Kurt Kusenberg · Redaktion: Beate Möhring
Umschlagentwurf: Werner Rebhuhn
Vorderseite: Molière. Gemälde von Pierre Mignard
Rückseite: Titelblatt der Gesammelten Werke Molières, Bd. I

Veröffentlicht im Rowohlt Taschenbuch Verlag GmbH,
Reinbek bei Hamburg, Oktober 1976
Copyright © 1976 by Rowohlt Taschenbuch Verlag GmbH,
Reinbek bei Hamburg
Alle Rechte an dieser Ausgabe vorbehalten
Gesetzt aus der Linotype-Aldus-Buchschrift
und der Palatino (D. Stempel AG))
Gesamtherstellung Clausen & Bosse, Leck
Printed in Germany
1080-ISBN 3 499 50245 3

27.–29. Tausend April 1991

Inhalt

Ein Phänomen wie Chaplin 7
Vor der Premiere 10
Ein Kind wie jedes andere 12
Ein Grundstein wird gelegt 13
Der Drang zur Bühne 16
Zufällige Geburt eines Dichters 21
Eine hochgeborene, bucklige Null 26
Eine liebe Kumpanei 28
Der erste Sieg und seine Folgen 34
Die Frühgeburt des Musicals aus dem Geist der Komödie 46
Schule der Ehe 56
Spiegelbild eines Spiegels 65
Das Rätsel Armande 72
Das Fest des Jahrhunderts 75
Die große Camouflage 81
«Kann ich's, Verräterin?» 91
Ärger von allen Seiten 100
Drei Stücke in einem Jahr 104
Phönix aus der Asche 108
Mamamouchi 115
Die Schatten wachsen 117
Der Schwanengesang 120
Der schwarze Freitag 125
Die Komödie geht weiter 128

Anmerkungen 134
Zeittafel 141
Zeugnisse 145
Bibliographie 147
Namenregister 153
Über den Autor 157
Quellennachweis der Abbildungen 158

Molière. Gemälde von Charles Lebrun

EIN PHÄNOMEN WIE CHAPLIN

> Wenn Franzosen etwas urkomisch finden,
> sagen sie: «C'est du pur Molière!»
> [Das ist ja reiner Molière!]

Seine Menschen sind Spielfiguren, seine Liebespaare sind ohne Erotik. Die Handlungen seiner Komödien sind schwach und fast alle den Werken anderer Autoren entnommen, die Schlüsse seiner Stücke unbefriedigend, häufig an den Haaren herbeigezogen; seine Verse sind nicht durchweg gut – und doch hat Molière sich als einziger Dramatiker der französischen Klassik die Welt erobert. Ein Phänomen wie Charlie Chaplin in unserer Zeit: auch er Darsteller, Autor und Unternehmer, auch er kein Perfektionist. Der Regisseur Jean Renoir, der Sohn des Malers, sagte in einem Interview über Chaplin: «Seine Filme zeichnen sich nach dem Urteil gläubiger Fachleute durch falsche Beleuchtung aus, sie gelten als schlecht fotografiert, die Drehbücher sind ungeschickt konzipiert. Trotzdem sind seine Filme meiner Meinung nach Meisterwerke.»[1]* Was ist, fragt man sich, bei so offensichtlichen Mängeln, das Faszinierende und Überwältigende an den Komödien Molières und den Filmen Chaplins? Ist es die geniale Komik, die uns alle Schwächen übersehen läßt? Doch erregte und befriedigte Lachlust allein löst das Rätsel solcher Dauererfolge nicht. Molière und Chaplin haben auch das gemein: sie haben Spiegelbilder ihrer Zeit eingefangen, haben Hintergründe aufgerissen und sie (so widersprüchlich das klingen mag) durch makabere Schatten e r h e l l t : Galgenhumor ihrer Schöpfungen; etwas, das sich schwer analysieren läßt, aber unter die Haut geht. Ist es vielleicht der Sieg des Geistes über die Materie? Wir spüren: das ist dem Leben abgerungen. Hier springt uns ein Stückchen Wahrheit ins Gesicht, unbekümmert um die sogenannte Wirklichkeit. (Daß wir darüber auch noch lachen dürfen, dafür müssen wir dankbar sein.)

Molière ist kein Dichter wie Shakespeare, dem die Bühne zur Welt wurde, ihm wurde die Welt zur Bühne. Alles, was er las, erlebte und erlitt, hat er auf die Bretter gebannt, so wie er es sah: durch die Brille der Lächerlichkeit und schließlich der Selbstironie. Die grotesken Gestalten seiner großen Komödien gleichen Archetypen, sie sind Erscheinungen seiner Epoche und seiner Nation. Komisch sind sie und führen uns zugleich die Fragwürdigkeit des Menschen vor Augen. Sie enthüllen vor allem das Wesen ihres Schöpfers und zeigen, was er war: Souverän der Szene, Franzose, Mensch.

Viele autoritäre Kritiker haben Molière zum Moralphilosophen und Weltverbesserer, zum heimlichen Tragiker hochstilisiert. Für uns Deutsche gab Goethe das Signal, den tiefen Ernst seiner Werke erkennend auszudeuten.[2] Und so hat die wissenschaftliche Gehirnpresse immer wieder den köstlichen Saft aus den Komödien herausgequetscht, bis nur

---

* Die hochgestellten Ziffern verweisen auf die Anmerkungen S. 134 f.

noch die trockene Schale übrigblieb. Alle noch so geistvollen Erschürfungen aber können nicht darüber hinwegtäuschen: Molière gab immer nur dem Theater, was des Theaters ist. Sein Werk: Ein Kaleidoskop großen Humors. Erschütternd war nur sein Leben.

Wie manche Landstraße aus Schlaglöchern zu bestehen scheint, so setzt sich die Biographie Molières hauptsächlich aus Fragezeichen zusammen. Wie Meilensteine umranden sie seinen Lebensweg. Wer seinen «Erdenwandel» beschreiben will und dabei auf Anekdoten, parteiische Aussagen von Zeitgenossen, belanglose Reimkritiken, Pamphlete und Haßtiraden seiner Gegner völlig verzichten wollte, behielte ein nahezu leeres Blatt vor sich. Seine Manuskripte sind spurlos verschwunden. Wir wissen nicht einmal, ob sie vernichtet worden sind. Und wenn – wann, von wem und warum? Hat er niemals einen Brief geschrieben? Kein einziger ist aufgefunden worden. Hätte er ein Tagebuch geführt – wozu der Mann mit vier Berufen, der ständig unter dem stand, was wir heute mit dem Modewort Stress bezeichnen, bestimmt keine Zeit hatte –, sicher wäre auch es unauffindbar. Die wenigen Zeugnisse seiner Hand sind kurze Geschäftsnotizen und eine Reihe Unterschriften aus verschiedenen Lebenszeiten, einige mit seinem Geburtsnamen Poquelin, andere mit seinem Künstlernamen Molière. Durch ihre sehr unterschiedliche Federführung läßt sich immerhin erkennen, was für ein nervöser Stimmungsmensch dieser vielseitige Theatermann gewesen sein muß.

Auch die bemühteste Molière-Forschung hat wenig Greifbares zutage gefördert. Die spärlichen Urquellen [3], aus denen alle Molièristen bisher schöpfen mußten, ergeben ein Bächlein, das dann allerdings ein Meer von Zweitliteratur gespeist hat. Neues ist dadurch aber kaum entdeckt worden. Erst 1963 haben zwei gelehrte Frauen eine erstaunliche Dokumentensammlung herausgegeben, nachdem sie jahrzehntelang 17 000 Urkunden aus dem 17. Jahrhundert durchforstet hatten. Dem Bienenfleiß von Madeleine Jurgens und Elisabeth Maxfield-Miller [4] ist es zu danken, daß wir jetzt wenigstens vollständig darüber orientiert sind, was wir bisher nur in Bruchstücken kannten. Wir wissen nun, wie oft er Trauzeuge war und Pate gestanden hat (fünfzehnmal, davon dreizehnmal bei Theaterkindern). Wir kennen jetzt die Verträge, die er abschloß; Prozesse, die er führte; Eingaben, die er machte; Beschwerden, die er losließ; wir kennen alle Daten der Privilege für die Druckausgaben seiner Stücke, die Querverbindungen seines wechselnden Bühnenpersonals; wir wissen, an welchen Tagen er die Gratifikationen des Königs erhielt; wir können uns aus 286 Akten ein Bild seiner bürgerlichen Existenz machen. Vor allem wird uns durch die Chronologie dieser Zeugnisse die Rastlosigkeit seines Lebens deutlich. Dennoch verraten alle diese interessanten Fakten so gut wie nichts über sein Wesen.

Das reale Dasein des Mannes Molière läßt sich nur in Umrissen zeichnen. Um so deutlicher können wir die Entwicklung seines Geistes verfolgen; können das Auf und Ab dieses Künstlerlebens nachfühlend erfassen, wenn wir sein Werk unter die Lupe nehmen. Bewußt und unbewußt spiegelt sich seine jeweilige seelische Verfassung, seine Gedankenwelt, sein Wollen, Wirken und Versagen in allem, was er schrieb –

Madeleine Béjart. Anonymes Gemälde

mag dieser Spiegel auch manche blinde Stelle aufweisen. Aus seiner gesamten Produktion, seinen Farcen, Divertissements, Komödien und Gedichten erwächst uns ein unverkennbares Porträt – ein Selbstporträt, wie wir es von keinem anderen Autor der Weltliteratur besitzen. Zuweilen steht es so unverhüllt, so urlebendig vor uns, daß wir meinen, es blinzle uns zu. Der Dichter selbst führt uns durch die Stationen seines Daseins. Gespannt verfolgen wir, wie es vom Leichtsinn zur Schwermut, vom sorglosen Sichumnichtskümmern zum nervenzerreibenden Engagement führt. Es war ein Menschenleben, angefüllt von Arbeit und Kampf, von Ruhm und Mißerfolg, kleinen Freuden und großen Leiden. Eine tragische Komödie ohne Pause.

VOR DER PREMIERE

«Weiß der Sperling, wie's dem Storch
zumute ist?» Goethe

Am 30. Juni 1643 wird in Paris, in der Rue de Perle, in der Wohnung der Witwe Marie Béjart, geborene Hervé, ein von zwei Notaren unterzeichneter Gesellschaftsvertrag geschlossen. Zehn junge Leute gründen ein Theater. Mit einem Häufchen Geld und einem Montblanc an Illusionen! Sie geben ihrem Unternehmen den schlichten Titel «Illustre Théâtre». Die Mitglieder dieses «Berühmten Theaters», das noch keiner kennt, sind Dilettanten. Nur die Seele dieses sich bildenden Bühnenkörpers hat sich schon in der Praxis erprobt: Madeleine Béjart, rothaarig, intelligent und geschäftstüchtig, 25 Jahre alt, eine imponierende Person mit Erfahrungen, nicht nur auf den Brettern, die die Welt bedeuten. Sie hat ein sechs Jahre altes Töchterchen. Der Vater, Graf Modène [5], Kammerherr des Herzogs von Orléans, scheut sich durchaus nicht, das Kind anzuerkennen. Er hat ihm sogar seinen erst sieben Jahre alten ehelichen Sohn zum Taufpaten gegeben. Modène, Madeleines Liebhaber, war 1640 in den Aufstand gegen den König verwickelt und, zum Tode verurteilt, ins Ausland geflohen. Nach der Amnestie zurückgekehrt, scheint die Liebe des Grafen Modène zu Madeleine Béjart sich in Freundschaft verwandelt zu haben. Und doch ist zur Zeit der Theatergründung ein zweites Kind, mutmaßlich ein Jahr alt, im Hintergrund. Offiziell nicht existent wird es, nächst Madeleine, die wichtigste Rolle im Leben Molières spielen.

Madeleine Béjart hat auch bereits eine geplatzte Hochzeit hinter sich. Am 23. Februar 1633 wurde ein Heiratskontrakt unterzeichnet zwischen der fünfzehnjährigen Braut und dem mindestens 40 Jahre älteren Bräutigam Pierre Lenormand, Ordentlichem Mantelträger des Prinzen von Condé, dem Vorgesetzten von Vater Béjart, einem subalternen Hofbeamten.

Weshalb kam die Ehe nicht zustande? Hat sich Madeleine dem Verkupplungsversuch widersetzt? Diese Heiratsgeschichte, von der wir nichts Näheres wissen, ist darum erwähnenswert, weil sie sehr der Grundsituation der meisten Molière-Komödien gleicht: auch da soll stets ein junges Mädchen auf Befehl des Vaters (nur in den *Gelehrten Frauen* ist es die Mutter) einen alten oder ungeliebten Mann heiraten. Darf man da nicht annehmen, daß neben der literarischen Vorlage hier die lebendige Quelle zu finden ist?

Neben Madeleine sind noch ihr stotternder Bruder Joseph und ihre hübsche jüngere Schwester Géneviève an dem (von der für ihre Kinder karrierebesessenen Mutter unterstützten) Familienunternehmen beteiligt. Und unter anderen theaterbegeisterten Freundinnen und Freunden [6] auch ein intellektueller Jüngling, der schon so gut wie zur Familie gehört: der einundzwanzigjährige Sohn eines wohlhabenden Tapezierers Jean-Baptiste Poquelin.

Das Geburtshaus. Radierung von J. Chauvet

EIN KIND WIE JEDES ANDERE

«Man sieht es der Raupe nicht an,
was für ein Schmetterling aus ihr
werden kann.» Russisches Sprichwort

Ist es nicht eine ironische Pointe, daß der große Komiker im «Affenhaus» geboren wurde? Tapezierermeister Jean Poquelin hatte ein Jahr vor seiner Heirat mit der Tochter eines Kollegen das «Pavillon des Singes» genannte Eckhaus Rue St. Honoré/Rue de Vieille Étude gemietet. Nach der Hochzeit mit Marie Cressé zog er mit seiner jungen Frau in das stattliche Bürgerhaus ein, in dem sie ihm ein Jahr später einen Sohn zur Welt brachte, der am 15. Januar 1622 nach Familientradition auf den Namen Jean getauft wurde. Von Marie Cressé wissen wir nur, daß sie sechs Geburten hatte und wahrscheinlich während ihrer siebten Schwangerschaft starb, als ihr Erstgeborener zehn Jahre alt war; daß sie aus der Musikerfamilie Mazuel stammte und daß sie, wie ihr Nachlaß zeigt, schöne Kleider, Schmuck und Prunk liebte. Wenigstens hier läßt sich ein mütterliches Erbteil nachweisen, denn auch Molière hatte diesen Hang zum Luxus. Möglicherweise hat er aber auch den Bildungshunger von ihr, denn außer teurer Wäsche und Juwelen hinterließ sie Bücher; nicht nur die Bibel, unter anderen Literaturwerken auch einen Plutarch.[7]

Den Vater Poquelin kennen wir etwas besser. Er war ein Handwerker und ein tüchtiger Geschäftsmann, aber ganz und gar amusisch. Ein Jahr vor dem Tod seiner ersten Frau kaufte er von seinem Bruder Nicolas ein einträgliches Hofamt. Als «Tapissier du Roy et valet de chambre» gehörte er nun zu den Etablierten und durfte sich écuyer [8] nennen, was ihn immerhin aus der Masse der Kleinbürger und Gewerbetreibenden heraushob. Er war ein strenger Hausvater von echt französischer Sparsamkeit. Daß Molière ihn zum Vorbild für seinen Geizhals Harpagon genommen hat, gehört ins Reich der Fabel. Nachdem ihm die Frau gestorben war, brauchte Meister Poquelin für die Wirtschaft und die Kinder eine Nachfolgerin. Also heiratete er nach dem Trauerjahr die Tochter eines angesehenen Kaufmanns. Auch von Catherine Fleurette, Molières Stiefmutter, wissen wir lediglich, daß sie nach dreijähriger Ehe im zweiten Kindbett starb.

Über die ersten dreizehn Lebensjahre des Dichters gibt es nur Anekdoten. Aber was besagt das schon, wenn Großvater Cressé eifrig mit dem kleinen Jean-Baptiste ins Theater ging, ins Hôtel de Bourgogne, wofür man von einem Kollegen des Vaters Freikarten bekam? Wie viele Großväter sind Theaternarren und keiner ihrer Enkel wird ein Molière! Daß er im turbulenten Stadtviertel der Hallen, dieser buntscheckigen Welt, mit seinem von allen Volkstypen wimmelnden Jahrmarktsgewirr aufwuchs, hat seine jungen Sinne sicher beeinflußt, da wir im Kindesalter, wie Schopenhauer sagt, «mitten unter unserem kindischen Treiben, stets im Stillen und ohne deutliche Absicht beschäftigt sind, an den einzelnen Szenen und Vorgängen das Wesen des Lebens selbst, die Grundtypen seiner Gestalten und Darstellungen, aufzufassen»[9]. Sonst

*Pierre Gassendi.
Stich von Nanteuil,
1658*

aber gibt es aus seiner Kindheit nichts zu berichten, was ihn so tief beeindruckt hätte, daß eine direkte Beziehung zu seinem Werk festzustellen wäre.

Es sei denn, er habe in der Pubertät einen Schock erlitten; habe im Elternhaus etwas erlebt, was ihn sein Leben lang belastet hat. Aber das ist eine äußerst gewagte Hypothese. Immerhin ist auffällig, welch zentrale Stelle der cocu in seinen Stücken einnimmt, wie bei ihm die bisher in der commedia dell'arte obligatorische Witzfigur des Betrogenen plötzlich zur problematischen Gestalt wird. Erst bei Molière bekommt die Hahnrei-Posse einen peinlichen Beigeschmack. Seine manische Angst vor dem Betrogenwerden erhebt den Ehebruch der Frau fast zum Naturgesetz. Es ist sein Trauma – und wird, nicht zuletzt durch Molière, zum Trauma der Franzosen. Bis heute spielt in den meisten französischen Literaturerzeugnissen (seien es Dramen, Boulevardstücke, Romane, Novellen, Filme, Krimis oder Fernsehspiele) zumeist eine Dreiecksgeschichte die Hauptrolle.

EIN GRUNDSTEIN WIRD GELEGT

*Non scolae, vitae discimus
Nach Seneca*

Zuerst bilden sich die Sinne, dann bildet sich der Geist. Religion, Lesen, Rechnen und die Anfangsgründe von Latein wurden Jean-Baptiste auf der Pfarrschule beigebracht. Daß ihn der haushälterische Vater in die teure, hochangesehene Jesuitenanstalt Collège de Clermont [10] schickte,

Claude Emmanuel L'Hullier, gen. Chapelle

kann ein nachgelassener Wunsch der Mutter gewesen sein. Vielleicht wollte aber auch der Bourgeois Poquelin seinem offenbar klugen Erstling die Chance geben, in eine höhere soziale Position zu gelangen. (Handwerker ließen damals ihre Söhne noch seltener studieren als heute Arbeiter.) Doch so ganz scheint Vater Poquelin der Gelehrsamkeit nicht getraut zu haben. Aus Vorsicht und für alle Fälle ließ er seinen fünfzehnjährigen Sohn, trotz des Studiums, den Diensteid als Nachfolger im Amt des Königlichen Kammerdieners schwören.

Der Externe Jean-Baptiste Poquelin wird die Lehrfächer Logik, Mathematik, Physik und Latein gepaukt, auch vom Tanzen und Fechten profitiert haben. Das Wichtigste an den vier Jahren Hochschule aber war für ihn, daß er hier, im wirklichen Sinne, gebildet wurde, hauptsächlich durch Gassendi [11], einem heute nur noch der Fachwelt bekannten Philosophen; damals, als streitbarer Gegner Descartes, eine geiststarke Persönlichkeit, das As unter den 300 Professoren des Collège. Der Gelehrtenstreit, ob Molière nun wirklich sein direkter Schüler war oder nicht, ist müßig. Die Klassenclique, der Jean-Baptiste angehörte, war einmütig für Gassendi. Man kannte seine Werke, diskutierte seine Bücher, begeisterte sich für seine Ideen. Und was ein junger Mensch in sich aufnimmt, bleibt in ihm haften. So hat der sonst vergessene Gassendi doch etwas bewirkt: er hat Molière zur Grundeinstellung zu allen Dingen des Lebens verholfen, hat ihm den epikureischen Bazillus eingeimpft, hat seine Denkart geprägt, die sich dann als ewiges Plädoyer für natürliche Verhaltensweise und ehrliches Menschentum manifestierte bzw. in der Verspottung jeglicher Heuchelei, aller Verkehrtheiten und absurden Abweichungen vom vernünftigen Dasein äußerte.

Cyrano de Bergerac

Und noch etwas hat Jean-Baptiste im Collège gewonnen: Freunde für das ganze Leben, und das wiegt nicht wenig. Am besten verstanden hat er sich wohl mit Chapelle. Dieser muß als Knabe schon recht munter gewesen sein, denn er entwickelte sich früh zu einem Lustgewinner par excellence. Chapelle war der uneheliche Sohn von L'Hullier, einem reichen Magistratsherrn, der, selbst großer Libertin, seinem Sohn nicht nur eine Menge Geld vermachte, sondern ihm auch alle Tonarten genießerischen Lebens beibrachte. Der witzsprühende und geistreiche Chapelle, der sich selbst stolz «Trunkenbold des Marais» nannte, wurde eine Art Folie für Molière. Je mehr den Dichter später die Melancholie überfiel und das Hypochondrische in ihm überhand nahm, um so heller glänzte die dionysische Heiterkeit seines Freundes, der immer für ihn da war (wenn er da war, denn er war viel auf Reisen) und der ihm in seinem schwersten Kampf tatkräftig beistand. Bei Chapelles Vater gab es so etwas wie einen philosophischen Zirkel. Man kennt die endlosen Nachtgespräche junger geistiger Menschen. Neben Vater und Sohn versammelten sich hier François Bernier, der sogar eine Zeitlang Sekretär Gassendis war, Jean Hesnaut, mit dem Jean-Baptiste daran ging, Lukrez zu übersetzen; der schon ältere Akademiker La Mothe Le Vayer, wie Molière ein ausgesprochener «Feind der menschlichen Dummheit»; der Physiker Jacques Rohault und Roger de Prades, ein Freund des wildesten Mitglieds dieser Gesellschaft: Cyrano de Bergerac, einer der frühesten Science-Fiction-Autoren der Neuzeit.[12] Dieser Kreis blieb sich bis zum Tode eines jeden verbunden, geistig und menschlich. Sie hielten, in einem Zeitalter grassierender privater wie öffentlicher Heuchelei, das Fähnlein der Aufrechten hoch. Bei ihnen fand Molière den Rückhalt, der ihm neue Kraft gab für seine Attacken, die eine feindliche Umwelt ihm aufzwang.

DER DRANG ZUR BÜHNE

«Das einzige Heilmittel ist die Kunst.
Von den Affen können wir nichts lernen.»
George Meredith

Grimarest[13], Molières erster Biograph, berichtet, Jean-Baptiste Poquelin habe in Orléans Jurisprudenz und Philosophie studiert. Aber nicht nur die Dauer des Studiums ist unklar. Das Advokatenexamen hat er mit Sicherheit nicht bestanden. Gewiß hat er eine Weile in Orléans verbracht. Doch sehr ernst scheint es ihm mit dem Studium nicht gewesen zu sein. Trockene Juristerei lag ihm nicht. Jedenfalls taucht er bald wieder in Paris auf, um mit Chapelle und anderen Saufkumpanen ein flottes Leben zu führen, ungefähr wie jene jungen Herren, die er in seinen Farcen und Komödien schildern wird: man lebt vom Geld des Vaters, verwickelt sich in Liebeshändel und läßt im übrigen den lieben Gott einen guten Mann sein. Mag er eine Zeitlang das Leben so genossen haben, ohne an die Zukunft zu denken – mitten im Leichtsinn wird sich

«*Scaramouche (links) lehrend, Elomire (Molière) lernend*».
Stich von L. Weyer, 1670

auch ihm die Frage gestellt haben, an der kein junger Mensch vorbeikommt: was willst du werden? Was bist du bisher? – Ein halber Jurist? Tapezierer nur dem Namen nach?[14] Noch wußte er keine Antwort darauf.

Da spielte der Zufall Schicksal und bot ihm eine Chance. Jean-Baptiste machte zwei entscheidende Bekanntschaften, die ihn zu dem Beruf führten, der ihm schließlich zur Berufung wurde. Tiberio Fiorelli, berühmt als «Scaramouche», der große Mime, Lautenspieler und Star der italienischen Komödianten, fand an dem jungen Poquelin Gefallen und gab ihm Unterricht. Der Drang zur Bühne erwachte. Aufregender allerdings für Jean-Baptiste war eine andere Bekanntschaft: die junge Schauspielerin Madeleine Béjart. Plötzlich wußte er, wo er hingehörte – nur nicht, was ihn mehr lockte: die Frau oder die Bühne? Er verfiel beiden mit Leib und Seele, «bis daß der Tod sie schied». Jean-Baptiste verzichtete auf die Hofcharge zugunsten seines jüngeren Bruders. Sicher wird die ganze Familie den Kopf geschüttelt haben: wie kann man ein solches Amt, das einen in die Nähe des allmächtigen Königs bringt, aufgeben, um das Dasein eines verachteten Komödianten zu führen! Dabei läßt sich vermuten, daß Jean-Baptiste froh war, die Verpflichtung (in den Augen der Welt eine Ehre, ihm nur lästig) los zu sein. Künstlerischer Trieb äußert sich häufig in jungen Menschen, lange bevor sie schöpferisch werden, in der Ablehnung jeder geregelten bürgerlichen Tätigkeit. «Kosmisch akausalische Arbeitsaversion» heißt es bei Gottfried Benn.

Wenn es häuslichen Krach gegeben hat, einigte man sich auf einen Kompromiß. Für den Verzicht Jean-Baptistes auf die Hofstelle gab ihm der Vater 630 Livres als Vorschuß auf das mütterliche Erbe. Dem alten Poquelin war klar, daß es hinausgeworfenes Geld sei. Aber er wollte wohl seinem Sohn keinen Stein in den Weg legen. Und Jean-Baptiste wagte den ersten Schritt: er zog in eine eigene Wohnung, in die Nähe der Geliebten und bereitete mit ihr die Gründung einer Bühne vor, mit der sie der Welt, das heißt Paris, zeigen wollten, wie man richtig Theater spielt.

Ein Theatermodell aus dem 17. Jahrhundert: mitten in der Hochblüte des Absolutismus gab es in Frankreich kleine Republiken, die genossenschaftlichen Betriebe der Bühnen. Die Mitglieder des Ensembles nannten sich Kameraden (bei Molière «Kinder der Familie») und waren gleichberechtigt, auch die Frauen. Die Mitbestimmung war sogar obligatorisch: jedes einzelne Mitglied mußte seine Zustimmung für die Aufführung eines neuen Stücks geben. Die Damen verzichteten häufig auf ihr Recht und blieben den Probevorlesungen der Autoren fern. Nach Annahme eines Stücks bestimmte der Dichter die Besetzung. Praktisch ordneten sich die Schauspieler in künstlerischer Hinsicht meist der führenden Persönlichkeit unter, wenn eine vorhanden war. (Molière entwickelte sich zu einem Autokraten!) Dagegen wählte die gesamte Körperschaft den Schatzmeister, den Kontrolleur und die anderen «unteren Beamten», wie Portier, Kassierer, Lichtscherer, Lampenputzer usw. Die Tageseinnahme wurde an jedem Abend, nach einem von allen Mitgliedern gebilligten Schlüssel, verteilt, abzüglich der Unkosten für Dekoration, Kerzen, Heizung und den Lohn für das Personal sowie Rücklagen für die Pensionskasse.[15] Die Darsteller kleinerer Rollen waren nicht Mitglieder und wurden, als sogenannte «Gagisten», pro Vorstellung honoriert, ebenso die Tänzer, Sänger und Musiker. Theaterzettel (ohne Personenverzeichnis) waren verhältnismäßig selten. Für Reklame sorgte in der Hauptsache der «Orateur», der nach der Vorstellung vor den Vorhang trat und, in der Art eines Conférenciers, die nächste Aufführung ankündigte und ein neues Stück ausführlich anpries. Von ihren Bezügen mußten die Schauspieler ihre Kostüme erstellen, was mitunter einen Teil ihrer erstaunlich hohen Einkünfte verschlang, die denen unserer Spitzenstars nicht nachstanden. Diese Organisation funktionierte im allgemeinen vorzüglich. Es ist nicht bekannt, daß es wegen finanzieller oder administrativer Fragen zu Streitigkeiten kam. Dafür sorgte der bei allen Komödianten unausrottbare Rollenneid.

Um die Mitte des 17. Jahrhunderts existieren in Paris zwei renommierte Bühnen. «Das große Haus», in dem die Komödianten des Königs spielen, und das «Kleine Haus», nach dem vornehmen Stadtviertel, in dem das Theater steht, «Marais» genannt. Ferner besitzen die «Italienischen Komödianten» mit Scaramouche große Zugkraft. Gegen diese Konkurrenz treten die Anfänger des «Illustre Théâtre» an. J.-B. Poquelin mietet den Ballhaussaal des Mestayers. Während des Umbaus erprobt sich die Truppe auf dem Jahrmarkt in Rouen, wahrscheinlich mit mäßigem Erfolg, was ihnen nichts ausmacht. Sie setzen auf Paris. Am 28. Dezember fällt ihnen noch ein, die Straße vor dem Theater pflastern zu lassen, damit die Karossen der vornehmen Welt vorfahren können. Léonard Aubry schafft es gerade noch rechtzeitig, und am Neujahrstag 1644 eröffnet das Haus seine Pforten. Die Eröffnungsvorstellung nährt die Hoffnung der jungen Anfänger. Der vollbesetzte Saal applaudiert: Freunde, Verwandte und Neugierige. Nur die Logen sind leer. Am nächsten Tag bereits auch ein Teil des Parketts. Von Tag zu Tag fließt der Strom der Zuschauer spärlicher, bis er zum Rinnsal wird. Die theaterbesessene junge Mannschaft läßt sich dennoch nicht entmutigen. Sie versucht sich an Stücken eines Erfolgsautors, dem mit Madeleine verwandten Dichter Tristan L'Hermite [16], in denen aber außer ihr selbst niemand Erfolg hat. Beim Engagement des Tänzers Daniel Mallet unterzeichnet Jean-Baptiste zum erstenmal mit «de Moliere» (ohne Akzent!).[17]

Doch der Name hat noch gar keinen Klang. Und der neugebackene Herr von Molière fragt sich: warum kommen die Leute nicht zu uns? Auf den Gedanken, daß es an der eigenen Unzulänglichkeit liegt, kommt er nicht. Es muß an der Gegend liegen! Was zum geringen Teil sogar stimmt, denn die Porte de Nesles wird vom Adel, den Abnehmern der teuren Plätze also, gemieden. Außerdem wettert der Pfarrer des Viertels [18], ein wütender Eiferer, gegen den Sündenpfuhl des Theaters. Kurz entschlossen wird der Vertrag über das Ballhaus Mestayers gekündigt. Madeleine und Molière verlassen mit einigen treugebliebenen Mitgliedern die Stätte des Unheils und ziehen an das andere Ufer der Seine. Wieder in ein Ballhaus, das erst umgebaut werden muß und das ausgerechnet «Schwarzes Kreuz» heißt. Der Pleitegeier fliegt mit. Auch im neuen Heim sind die Schauspieler in der Überzahl. Säßen ihre Gläubiger unten, wäre es umgekehrt. Doch sie spielen, gewissermaßen mit zusammengebissenen Zähnen, weiter; nehmen Kredit um Kredit auf, stopfen ein Loch mit dem anderen. Für ihre Schuldverschreibungen müssen sie immer wieder andere Advokaten aufsuchen, damit keiner erfährt, wie hoch ihre Belastungen bereits sind. Im ganzen verbrauchen sie zehn. Es hilft alles nichts. Ihre Lieferanten nützen die Notlage aus. Wie tüchtige Geschäftsleute zu allen Zeiten verlangen sie plötzlich von den insolventen Kunden Überpreise für ihre Waren. Als schließlich gar kein Publikum mehr erscheint, außer den Gerichtsvollziehern, bleibt ihnen nichts anderes übrig: sie müssen den Vorhang für immer fallen

lassen. Und Jean-Baptiste, der jetzt tunlichst seinen neuen Namen Molière verschweigt, wandert ins Gefängnis.

Juristisch unklar ist, wieso Jean-Baptiste Poquelin als einziger Societär einsitzen muß. Mutmaßlich, weil man hoffte, sein reicher Vater werde, um den guten Ruf seines Namens nicht zu gefährden, die Schulden bezahlen und den verlorenen Sohn aus der Haft befreien. Hierin irrte man sich. Freund Aubry, der die Straße vor dem ersten Theater pflasterte (und dessen Sohn 1671 Géneviève Béjart heiraten wird) ist es, der die Kaution stellt. Erst ein Jahr später verspricht Vater Poquelin, die Summe zu erstatten. Doch Aubry wird noch zwei Jahre mahnen müssen, bis er endlich zu seinem Geld kommt.

Auf eine Bittschrift an den Lieutenant civile Daubray hin kommt Jean-Baptiste frei.[19] Doch schon fassen ihn die Häscher der nächsten Gläubiger. Erst im Spätherbst befindet er sich wieder auf freiem Fuße.

Was jetzt? Das «Berühmte Theater» hat nicht die geringste künstlerische Spur in Paris hinterlassen. Die Gemeinschaft hat sich aufgelöst. Jeder hat an den Schulden zu knabbern, jeder soll 40 Livres pro Woche abzahlen. Viel Geld, wenn man keinen Verdienst hat. Was bleibt Molière übrig, als vor den Gläubigern zu fliehen? Und vor der Familie, die mit hämischen Bemerkungen nicht gespart haben mag. Auf keinen Fall will er seinem Vater unter die Augen treten, um womöglich von ihm zu hören: «Mit deinem Theaterfimmel wirst du dir nie das Salz in der Suppe verdienen!» Also verschwindet er aus Paris. Kein Mensch weiß, wann und wohin.

ZUFÄLLIGE GEBURT EINES DICHTERS

«Vergiß dein Ich,
dich selbst verliere nie!»
Herder

Am wahrscheinlichsten ist, daß Jean-Baptiste seiner geliebten Madeleine gefolgt ist. Denn die theaterbesessene Familie Béjart hält zusammen. Mutter Hervé hat wieder einmal eine Hypothek aufgenommen, um den Kindern auf die Beine zu helfen. Da aber keines von den ehemaligen Mitgliedern des verkrachten «Berühmten Theaters» mehr kreditwürdig ist, muß man bei einem anderen Unternehmen unterkriechen. Die Geschwister Béjart schließen sich einer Truppe an, die unter dem Protektorat des Herzogs von Epernon steht. Der Thespiskarren des Dufrèsne dürfte unter den zwölf bis fünfzehn Wanderbühnen, die in jener Zeit Frankreich durchzogen, nicht die schlechteste gewesen sein. So primitiv, wie Scarron das Zigeunerdasein der Komödianten in seinem «Roman comique» schildert, wird es bei diesem doch schon privilegierten Unternehmen kaum zugegangen sein.

Ballspielhaus. In einem solchen Raum fanden die ersten Aufführungen des «Illustre Théâtre» statt

Eintrittskarte für einen Logenplatz

Aus den Wanderjahren Molières von 1645 bis 1658 besitzen wir 49 einwandfreie Dokumente. Quittungen, Heirats- und Taufurkunden, Spielerlaubnisse, Spielverbote, Empfehlungsschreiben. Es geht kreuz und quer durch Frankreich. Die meiste Zeit verbringt Molière im Süden, zu seinem Glück. Im Norden wären seine schwachen Lungen sicher schon früher in ein akutes Krankheitsstadium getreten und wir um seine schönsten Komödien ärmer. Wie sich die Dinge in der Truppe Dufrèsne im einzelnen entwickelt haben, so daß Molière schließlich deren Chef wird, läßt sich wieder einmal nur vermuten. Wahrscheinlich hat zunächst Madeleine das Heft in die Hand genommen, da es Dufrèsne, spätestens nach dem Tod seiner Frau, zu beschwerlich wurde, eine solche Bande zusammenzuhalten. Madeleine Béjart ist keine Caroline Neuber. Dazu fehlt ihr der kämpferische Geist der Neuberin, vor allem deren moralische Kraft. In der Praxis dürfte Madeleine allerdings so ähnlich über ihre Crew geherrscht haben. Sie leitet als geschäftlicher Direktor den Tourneebetrieb, während Molière zum künstlerischen Leiter aufsteigt.

Mit einem kurzen Blick auf ihr Privatleben: sie muß manchen Seitensprung ihres Geliebten übersehen haben. Sicher ist sie ihm auch nicht immer treu. Es ist eine Kommune auf Reisen, und nicht nur die Einnahmen werden geteilt.[20] Mag es darum innerhalb der Truppe sicher manchen Zwist gegeben haben, auch von außen kommt Ärgernis.

Die Weltgeschichte schickt sich an, den Spielbetrieb zu gefährden. Barrikaden in Paris. Anna von Österreich muß Hals über Kopf mit dem kleinen König fliehen. Die Fronde erhebt ihr rebellisches Haupt. Zwischen den Bürgern von Bordeaux und dem Herzog von Epernon bricht offener Krieg aus. Der Feudalherr muß die eigene Haut retten und läßt natürlich seine Komödianten im Stich. Es gelingt ihnen, die Kampfgebiete zu umwandern.

Was kümmern sich Schauspieler um Politik? Was geht es sie an, daß in Deutschland der Dreißigjährige Krieg mit dem Westfälischen Frieden sein trauriges, das Reich in 300 Fetzen zerteilendes Ende gefunden hat, daß der Hochadel Frankreichs seine letzte verkrampfte Auflehnung gegen die Königsmacht unternimmt? Sie wollen spielen, sonst nichts.

Nicht überall gelingt es. In Poitiers erhalten sie keine Spielerlaubnis, «in Anbetracht der schlechten Zeiten und der Verteuerung des Getreides»[21]. Also rollt ihr Thespiskarren in friedlichere, freundlichere Gebiete. In Toulouse erhalten sie für die Festvorstellung vor dem neuen Königsleutnant 75 Livres. Bei den Generalstaaten des Languedoc ist ihre Ernte schon wesentlich größer. Laut einem Autograph von Molière hat er für ein längeres Gastspiel 4000 Livres quittiert*. Ist er mit dem offensichtlichen Aufstieg seiner Truppe zufrieden? Wie steht es um ihn selbst? Wie jeder junge Mann, der zum Theater geht, will er natürlich ein großer, ernsthafter Menschendarsteller werden. Für ihn aber wird es lange dauern, bis er zu der schmerzhaften Erkenntnis kommt, daß er zu etwas anderem geboren ist. Das ist ja die Tragödie fast aller Komiker: jeder hervorragende Polonius hält sich immer für einen noch besseren Hamlet. So ist es bezeichnend, daß Jean-Baptiste im *Médicin volant* (*Der fliegende Arzt*) noch die Nebenrolle des verhältnismäßig seriösen Gorgibus spielt und die dicken Lacher seinem Kollegen überläßt.

Der junge Schauspieler Molière wird zum Stückeschreiber. Nicht aus innerer Getriebenheit, aus dem Drang zur Literatur, sondern unwillkürlich, durch die Praxis dazu geführt. Die Truppe spielt die Pariser Erfolge nach, insofern man sich, manchmal auf dunklen Wegen, die Texte beschaffen kann. Aber man hat nicht genügend Personal, um die vielen Rollen zu besetzen. Also müssen einige Figuren «ermordet» werden; das Original muß auch sonst gestrichen, für die primitiveren Bühnen-

---

* Vergleiche von Geldwerten früherer Epochen mit dem jeweiligen der Gegenwart sind Irrtümern unterworfen, da Kurswert und Realwert ständig fluktuieren und divergieren. In inflationären Zeiten sind konkrete Angaben noch fragwürdiger. Der amtliche Kurswert der Livre betrug vor dem Ersten Weltkrieg etwa anderhalb Goldmark. Aber schon Voltaire erwähnt in seiner Molière-Biographie, daß der Wert des Geldes vor einem Jahrhundert doppelt so groß gewesen sei. Um die Mitte des 17. Jahrhunderts waren Gemüse, Obst und Hühner noch billiger als heute im Supermarkt, die Getreidepreise schwankten je nach der Ernte. Mieten waren in Paris sehr hoch und Seidenstoffe enorm teuer. Trotz aller Imponderabilien darf man annehmen, daß der Kaufwert eines Livre zu Molières Zeiten etwa dem von DM 20 bei uns im Jahre 1976 entspricht.

verhältnisse zurechtgestutzt werden. Selbstverständlich übernimmt diese Aufgabe der einzig Intellektuelle des Ensembles. So wird Molière durch die Verhältnisse zum Dichter.

Von den fünf bis neun Farcen aus dem Repertoire der Truppe in diesen Jahren, die mehr oder weniger mit Einfällen des Dramaturgen Molière gespickt sind und zuweilen schon seinen Stempel tragen, hat man zwei in seine Werke aufgenommen, neben *Der fliegende Arzt* den Einakter *La Jalousie du Barbouillé* (*Die Eifersucht des Angeschmierten*). In dieser Farce leistet sich der Dichter noch eine gauloise Derbheit. Im Eingangsmonolog meint Sganarelle, daß es wenig Zweck habe, seine Frau, von der er meint, daß sie ihm untreu sei, ins Gefängnis zu stekken, denn *mit ihrem Allesöffner kriegt das Luder ja doch jede Tür auf.*[22]

Wobei Molière keinesfalls daran gedacht hat, mit diesem Hinweis der Nachwelt die Augen zu öffnen über die schreiende Ungerechtigkeit, die es jedem Ehemann ermöglichte, seine Frau, die ohne Rechtsschutz war, auf seine bloße Aussage hin einsperren zu lassen. Molières reiferes Werk bietet viele Beispiele dafür, wie er gesellschaftliche, kulturhistorisch relevante Zustände auf die Bühne bringt, die gerade deshalb aufschlußreich sind, weil sie ohne Tendenz konzipiert sind. Nicht nur, was er bewußt lächerlich machen wollte, auch gerade das, was er lediglich als typische Zeitsitte für seinen Zweck verwendet, gewinnt für uns einen sozialkritischen Aspekt.

Wenn auch der *Angeschmierte* noch ganz im üblichen Stil der Farce abgefaßt ist, so fällt doch eine Stelle aus dem Rahmen. Sganarelle fragt den Doktor – die erste der grotesken Pedanten-Parodien[23], mit denen Molière die Scholastik ad absurdum führt – um Rat, was er tun soll. Der Doktor läßt Sganarelle kaum zu Wort kommen und gibt ein hanebüchenes Gelehrtengeschwafel von sich. Als ihm aber Sganarelle für einen guten Rat Geld anbietet, fällt der bombastische Schwätzer völlig aus seiner Rolle (Stilbrüche haben Molière nie gekümmert) und antwortet mit einer poetischen Parabel, die selbst einem Prinzen bei Shakespeare nicht übel anstünde.

Du hältst mich also für einen Menschen, der Geld machen will, für einen Interessenjäger, eine Krämerseele? Vernimm denn mein Freund: wenn du mir eine Börse gäbst, randvoll mit Goldstücken, und diese Börse befände sich in einer reich verzierten Schachtel und diese Schachtel in einem kostbaren Futteral und dieses Futteral in einer wunderbaren Truhe, und diese Truhe stünde in einem geheimnisvollen Erker, und dieser Erker wäre in einem herrlichen Zimmer und dieses Zimmer in einer geräumigen Wohnung, und diese Wohnung in einem pompösen Schloß, und dieses Schloß in einer uneinnehmbaren Festung und diese Festung in einer berühmten Stadt, und diese Stadt auf einer fruchtbaren Insel, und diese Insel in einer protzigen Provinz, und diese Provinz in einer blühenden Monarchie und diese Monarchie umfaßte die ganze Welt – und du gäbst mir die Welt, in der diese blühende Monarchie sich befände und darin diese protzige Provinz und darin die fruchtbare Insel und darin die uneinnehmbare Festung und darin dieses pompöse Schloß und darin diese geräumige Wohnung und darin dieses herrliche

Zimmer und darin der geheimnisvolle Erker und darin die wunderbare Truhe und darin das kostbare Futteral und darin die verzierte Schachtel, in der sich die Börse befände, von Goldstücken voll – ich würde mich um dein Geld so wenig kümmern wie um dich, nämlich überhaupt nicht.[24]

Abgesehen davon, daß sich eine so formvollendete Wortkaskade, eine so vollkommene lyrische Fuge in keinem späteren Werk Molières wiederfindet, haben wir hier ein erstes Selbstbekenntnis. Der leichtlebige Komödiant lebt ganz im Heute. Mammon bedeutet ihm nichts. Sein späteres Verhältnis zum Geld zeigt nur scheinbar eine Wandlung. Wenn er mit wachsendem Erfolg auf immer größere Einnahmen bedacht sein, kein Stück ohne schielenden Blick auf die Kasse schreiben wird, so nur, um verschwenden, um seinem Hang zum guten Leben in Luxus frönen zu können. Das goldene Kalb hat er nie angebetet.

Im April 1651 benutzt er die Fastenzeit, in der nicht gespielt werden darf, zu einem Abstecher nach Paris. Während dieses Aufenthalts in der Hauptstadt quittiert er seinem Vater, was er ihm schuldig ist. Ferner sondiert er das Terrain, wird aber festgestellt haben, daß die Zeit für ihn und seine Truppe noch nicht reif ist. Wohin es ihn dann treibt, weiß man nicht. Vielleicht hat ihm die Liebe wieder einmal einen Streich gespielt? Jedenfalls taucht er erst Mitte 1652 wieder auf.

Am 19. Februar 1653 unterzeichnet er als J.-B. Poquelin den Heiratskontrakt zwischen seinem Mitglied René Berthelot, genannt Du Parc, auch Gros-René, der mit siebzehn Jahren in die Truppe von Dufrèsne eingetreten ist und jetzt (als Sechsundzwanzigjähriger bereits von beträchtlichem Körperumfang) sich eine aufsehenerregende Schönheit angelt: «Demoiselle Marquise de Gorla fille naturelle et legitime de sieur Jacques de Gorla premier opérateur du roy an sa ville Lyon»[25]. Dieser Herr Gorla, der sich selbst als «Ersten Chirurgen des Königs in Seiner Stadt Lyon» bezeichnet, wahrscheinlich aber ein mit allen Wassern gewaschener Quacksalber war, muß ein Witzbold gewesen sein, daß er seiner Tochter Thérèse das Wort «Marquise» als Vornamen gab.

Diese Marquise-Thérèse wird sich zur bewunderten Darstellerin im tragischen wie im komischen Fach, zur passablen Sängerin und zu einer blendenden Tänzerin, die nur zu gerne ihre schönen Beine zeigt, entwickeln. In historischer Sicht hat sie mehr erreicht als alle Frauen ihres Jahrhunderts: alle drei französischen Klassiker verfielen in Liebe zu ihr. Molière soll abschlägig beschieden worden sein, ebenso Pierre Corneille, dessen Altersleidenschaft so stark war, daß er dieser Frau wegen nach Paris zurückkehrte und seine letzten Stücke schrieb, bis ihm der jüngere Konkurrent Jean Racine das Publikum und die Angebetete abspenstig machte. So wurde Marquise du Parc zu einer wichtigen Schlüsselfigur der französischen Literaturgeschichte.

Armand de Bourbon, Prinz von Conti

EINE HOCHGEBORENE, BUCKLIGE NULL

> «Da die Großen der Erde weder Gesundheit des
> Körpers noch Ruhe des Geistes geben können,
> erkauft man das Gute, das sie tun können,
> stets zu teuer.» La Rochefoucauld

1653 will die Truppe auf der Reise durch den Languedoc sich auch dem Prinzen Conti vorstellen, der sich auf seinem Schloß La-Grange-des-Près mit seiner ebenso schönen wie dummen Geliebten Madame de Calvimont unsäglich langweilt. Aber eine andere Truppe ist vor ihnen da, deren Chef Cormier sich bei der Mätresse einzuschmeicheln versteht. Daß es dennoch zu einer Probevorstellung der Molièreschen Truppe kommt, ist wieder einmal der du Parc zu danken. Sarrasin[26], der Sekretär des Prinzen, hat Feuer gefangen, weist ihr ein besonderes Quartier an ... Und dann wird Molières Gesellschaft legitimiert, «wegen der Güte der Darsteller und der besseren Kostüme». Der Prinz, eine zwielichtige Erscheinung und widersprüchliche Natur, von Kardinal Retz als eine hochgeborene, bucklige Null bezeichnet, führt leutselige Gespräche mit dem jungen Theaterprinzipal, von dem er zu seinem Erstaunen vernimmt, daß er in den gleichen Jahren wie er das Collège de Clermont in Paris besucht hat. An den literarischen Unterhaltungen nehmen Sarrasin, der als vielseitiger Autor großen Ruf genießt, gelegentlich auch ein junger Geistlicher teil: Cosnac[27], dessen einziges Interesse allerdings die Politik ist. Die Truppe darf von nun an den Titel «Comédiens de Monseigneur le Prince de Conti» (Komödianten seiner Hoheit des Prinzen Conti) führen.

Die du Parc bekommt ihr erstes Kind. Molière ist Taufpate – außer ihm ein Lyoner Bankier. (Im nächsten Jahr, beim zweiten Kind, wird nicht Molière, sondern Madeleine Pate sein.) Das sei nur als Beispiel erwähnt, weil auch in den nächsten zwei Jahrzehnten immer wieder Besetzungsschwierigkeiten entstehen werden, da fast ständig ein weibliches Mitglied schwanger ist.

In einem Jähzornsanfall schlägt Prinz Conti seinen Sekretär derart zusammen, daß Sarrasin an den Folgen stirbt. Seine Hoheit bietet Molière die freigewordene Stelle an, eine Chance, die jeder gewöhnliche Sterbliche ergreifen würde! Molière windet sich. Die Antwort, die Grimarest ihn sagen läßt: *Glauben Sie, daß ein Misanthrop wie ich der rechte Mann für einen großen Herrn ist?* klingt allzusehr postum verfertigt. Die andere anekdotische Version: *Ich bin ein leidlich guter Schauspieler. Doch ich fürchte, die Rolle als Sekretär paßt nicht in mein Fach*, kommt der Wahrheit schon näher. Abgesehen davon, daß Molière nicht riskieren will, bei nächster Gelegenheit totgeprügelt zu werden, wie sein Vorgänger, hat er sich buchstäblich «mit Leib und Seele» dem Theater verschrieben. Zudem könnte er, bei seinem Freiheitsstreben, niemals «Angestellter» sein. Als Herr seiner Truppe fühlt er sich in seinem Element. Und schließlich ist seine Liebe zu Madeleine noch nicht erloschen. Für ihn gibt es also gar keine Alternative. Es ist ihm nur peinlich, dem eitlen Prinzen «nein» sagen zu müssen. Hingegen ist anzunehmen, daß dieser sich durch die Absage schwer verletzt fühlt. Eine solche Ehre auszuschlagen kommt in den Augen eines Fürstensohnes einer Majestätsbeleidigung gleich. Möglicherweise ist hier der Keim des Hasses zu suchen, mit welchem der kleine Conti bis zu seinem Tod den großen Komödianten fanatisch verfolgen wird.

Prinz Conti, bisher mehr Wüstling als Libertin, wird plötzlich fromm. Sein Beichtvater, Bischof Pavillon[28], hat den Zeitpunkt der Bekehrung gut gewählt. Der verwachsene Prinz hat sich die Syphilis geholt, und aus dem Saulus wird ein Paulus, der Molière das Protektorat entzieht und ihm die Weiterführung des Titels für seine Truppe verbietet. Der fromm gewordene Freigeist läßt sämtliche Komödianten mit Polizeigewalt aus seinem Hoheitsgebiet vertreiben. Später wird er auch mit einem Pamphlet gegen Molière zu Felde ziehen.

Sarrasin, der Sekretär des Prinzen

Ein harter Schlag für den jungen Prinzipal, der ihn nur darum nicht trifft, weil er ihn nicht zur Kenntnis nimmt. Da er ohne einen hohen Protektor zum Schmierendirektor degradiert würde, hilft er sich mit einem kleinen Trick. Er kündigt seine Truppe als «Komödianten seiner Hoheit» an, läßt nur den Namen Conti weg. Mag sich jeder denken, was er will.

EINE LIEBE KUMPANEI

> «Der einzig verläßliche Maßstab für die
> geistige Struktur eines Menschen ist sein Witz.»
> Dr. Johnson

1655 hat die Truppe in Lyon eine glückliche Zeit. Der junge Chef kann zufrieden sein, denn in seiner ersten Verskomödie *L'Étourdie ou les Contretemps* (*Der Tolpatsch oder Immer zur Unzeit*) wird er als Autor wie als Darsteller des listigen Mascarille bejubelt. Das Spielchen ist harmlos, aber voll komischer Situationen. Lelio, ein Playboy jener Tage, liebt die Sklavin Celia. Mascarille, sein gewitzter Diener, versucht mit allen möglichen Gaunereien seinem Herrn zu seinem Glück zu verhelfen, was der Tölpel Lelio stets im letzten Moment vereitelt. Von Hahnreischaft ist hier noch nicht die Rede, bis auf die Anspielung, mit der Mascarille das Stück beschließt:

*Na gut und schön, der Himmel sei uns wohlgesinnt
und schenk uns Kinder, deren Väter wir auch sind!* [29]

Erfolg spornt an. Im nächsten Jahr bringt Molière in Béziers, einer «ville lettrée» (einer Stadt mit gebildeten Einwohnern) *Dépit amoureux* vor einem verständnisvollen Publikum heraus. «Liebesverdruß», die wörtliche Übersetzung, trifft den Inhalt nicht, es handelt sich hier um einen totalen «Liebeswirrwarr». Es ist Molières «Sommernachtstraum».

Auch in diesem Frühwerk finden sich Verse, die den Rahmen sprengen. Wieder sind sie einem komischen Klugschwätzer in den Mund gelegt. Albert [30], der typische Komödiantenvater, erklärt dem pedantischen Schulmeister Methaphrast, er werde ihn das Schweigen lehren und geht ab. In seinem Monolog sagt nun Methaphrast:

*Doch wenn man nicht mehr auf die Weisen hört,
für immer ihren Mund verschließen will,
verkehrte sich die Ordnung aller Dinge:
dann werden Hühner bald die Füchse fressen,
und kleine Kinder Greise unterrichten,
die Wölfe müssen fliehen vor den Lämmern,
Gesetze macht ein Narr, die Frauen führen Krieg,
der Richter Richter sind die Kriminellen,
die Kranken reichen Arzeneien dem Gesunden...* [31]

Bis hierhin wirken die erstaunlich aktuellen Zeilen wie eine Persiflage auf den Fluchmonolog des Timon von Athen, sobald es aber ernst zu werden droht, schaltet Molière ein «lazzi» [32] ein: Albert kommt zurück und läutet dem Schulmeister mit einer Kuhglocke in die Ohren, worauf der lärmempfindliche Intellektuelle mit dem Angstschrei: *Hilfe! Erbarmen!* die Flucht ergreift. Das ist typische Molière-Technik: Jeder seriöse Text wird möglichst durch einen Lacher aufgelöst, um anzudeuten, daß es so ernst nun auch wieder nicht gemeint sei.

Jahrzehntelanges Wanderdasein ist nicht immer ein Zuckerlecken. Engstirnige Magistratspersonen, theaterfeindliche Kirchenmänner machen dem leicht aufbrausenden jungen Theaterdirektor oft das Leben sauer. In Dijon setzt die Stadtverwaltung die Eintrittspreise fest, «um zu verhindern, daß die Komödianten die Besucher unmäßig schröpfen» [33]. Wo die Truppe erscheint, muß sie, um die Spielerlaubnis zu erhalten, ein Almosen für die Armen stiften. (Übrigens: um so berühmter sie sind, desto weniger müssen sie zahlen.) Dennoch sind die Einnahmen meist gut, der Wein ist billig, und an Liebe fehlt es nicht. Abgesehen also von gelegentlichen Querelen mit Bürokraten und Pfaffen scheint die Gemeinschaft ein unbekümmertes Dasein geführt zu haben. Von der Lebensweise der letzten Wanderzeit gibt uns der fahrende Entertainer D'Assoucy, der sich «Kaiser der Burleske» nennt, ein treues Zeugnis:

«Da ein Mann niemals arm ist, solange er Freunde besitzt und ich Molière als Mentor hatte und das ganze Haus Béjart zum Freunde, lebte ich, dem Teufel zum Trotz, wohlhabend und zufrieden wie nie zuvor.»

Es folgt ein heiteres Huldigungsgedicht, das mit den Zeilen endet:

> So süßes Leben ist gesund,
> kein Bettler wurde je so rund.

Szenenbild aus «Der Tolpatsch» im Théâtre National Populaire, Paris

D'Assoucy

Der Bericht schließt: «Wahrhaftig, ich war nicht bei Fremden, ich war zu Hause. Niemals erlebte ich solche Güte, soviel Ehrlichkeit und Offenheit! Solche Menschen müßten in Wirklichkeit die Fürsten spielen, die sie täglich auf dem Theater darstellen!»[34]

Wie auch in unserer Zeit viele Kongresse stattfinden, die für die Mitglieder eher bezahlte Ferien sind, so tagen die Generalstände in Pézenas monatelang, und alle Beteiligten wissen, daß ihre Beratungen über Truppenbewegungen lediglich eine Farce sind, weil ja alle Macht bei der Krone liegt. Also amüsieren sich die Herren auf den Schlössern und im Städtchen, lassen sich gern etwas vorspielen und sind, auf Kosten der Provinz, nicht knauserig. Auf einem anderen Blatt steht, wie die Komödianten zu den bewilligten Summen kommen. Sie mußten oft lange auf ihre Gage warten und mancher Wechsel wurde erst nach Protesten eingelöst.[35]

Im ganzen: die dreizehn Jahre haben Molière das Fundament für sein Lebenswerk gegeben. Im Gegensatz zu den hohen Literaten ist er mit dem Volk in Berührung gekommen, hat ihm aufs Maul gesehen. Deshalb kann er später pralle Volksfiguren lebensecht auf die Bühne bringen und

31

den Dialekt meisterlich als Stilmittel einsetzen. Bei einer nüchternen Bilanz der Wanderjahre überwiegen die Aktiva.

So hat er, zum Beispiel, in Avignon abermals eine Freundschaft fürs Leben geschlossen. Freund Modène stellt ihm den Maler Pierre Mignard vor, der auf einer Rückreise von Rom seine Brüder besucht. Pierre, Jean-Baptiste und Madeleine erkennen einander als Gleichgesinnte. Der Maler nimmt sie sofort als Modell für ein Gemälde von Mars und Venus.

Die Lehr- und Wanderjahre werden sich künftighin in vieler Hinsicht auszahlen. So hat Molière auch die Erfahrung gemacht, daß man, im Kampf gegen Konkurrenten, nicht zimperlich sein darf. Anscheinend hat es ihm wenig ausgemacht, daß er in Lyon den Kollegen Mitallat, der dort seit zehn Jahren ein festes Haus hatte, in den Konkurs treibt. Als der alte Prinzipal seine Truppe auflösen muß, übernimmt Molière nur zu gern eine junge Aktrice, deren Liebreiz ihn bestrickt und die in Paris die zweite Besetzung in seinem Privatleben spielen wird: Cathérine de Clerc du Rozet, verheiratet mit Edme Villequin, genannt de Brie. Den Mann, einen mäßigen Darsteller von Raufbolden und Rüpeln, muß Molière natürlich mit engagieren.

Endlich erreicht die Wanderbühne die letzte Station vor ihrem Start nach der Hauptstadt. In Rouen wird die Truppe bereits mit Spannung erwartet, leider nicht ausschließlich in künstlerischer Hinsicht: den drei schönen Schauspielerinnen Madeleine Béjart, Marquise du Parc und Cathérine de Brie eilt ein galanter Ruf voraus.

Während des erfolgreichen Gastspiels in Rouen kommt es zu einer Romanze zwischen dem großen Corneille und der sich in ihrem Glanz

Quittung Molières über 6000 Livres, 1656

*Pierre Mignard,
Selbstbildnis
(Ausschnitt)*

sonnenden Thérèse Marquise du Parc. Corneilles um neunzehn Jahre jüngerer Bruder Thomas [36], der dem Älteren alles nachmacht, auch Theaterstücke und noch dazu bei seinen Zeitgenossen sogar größeren Erfolg hat, mimt ebenfalls den Verliebten und dichtet die du Parc an. Molière hat andere Sorgen.

Er schickt Madeleine (die im übrigen inzwischen ins Soubrettenfach übergewechselt ist, sich andererseits bereits für 1000 Livres Renten kaufen konnte) nach Paris. Sie wohnt dort bei Vater Poquelin, was beweist, daß Feindschaft, wenn sie je bestanden hat, längst begraben ist. Madeleine mietet das Marais-Theater. Dennoch scheint sie – obgleich sie ihren Ex-Liebhaber Modène mobilisiert hat – nicht das erreicht zu haben, was Molière vorschwebt. Er nimmt die Sache selbst in die Hand. In allen Biographien liest man von «geheimen Reisen».

Wieso geheim? Hier ist das Feld für Spekulationen offen. Wenn ein in Paris völlig unbekannter Komödiant plötzlich das Recht erhält, seine Compagnie «Truppe des einzigen Bruders des Königs» zu nennen und diese zu einer Vorstellung vor König und Hof eingeladen wird, fragt man sich unwillkürlich: wie kommt der Mann zu dieser ungewöhnlichen Ehre? Jean Meyer [37] vermutet, daß Molière jetzt zum ersten und einzigen Mal aus der Welt des Scheins getreten ist und eine reale Rolle gespielt hat, nämlich die des politischen Agenten. Abermals über Modène und La Motte Le Vayer hat Molière Verbindung mit Cosnac, aufgenommen, der inzwischen Almonsier des Herzogs von Orléans in Paris geworden ist. Der eiskalte und machthungrige Politiker soll von Molière Interna über den Prinzen Conti erfahren haben, der noch immer, als unsicherer Kandidat, von der Regierung argwöhnisch beobachtet wird. Ausgeschlossen ist es nicht. Kann man es dem besessenen Theatermann verübeln, wenn er die Chance wahrnimmt, endlich den jahrelang ersehnten Sprung in die Hauptstadt tun zu können? Für die Erfüllung seines Wunschtraums ist Molière zu allem fähig, und Informationen sind schon für weniger verkauft worden.

DER ERSTE SIEG UND SEINE FOLGEN

> «Ich habe mich fast totgelacht
> und kam nicht mehr zum Atemholen.
> Als Eintritt zahlt' ich 30 Sous,
> gelacht hab' ich für zehn Pistolen.»
> Jean Loret, 2. Dezember 1659

Am 24. Oktober 1658 gibt die in Paris unbekannte Truppe eine Galavorstellung des «Nikodemus» von Corneille im Saal der Garden des alten Louvre. Vor Ludwig XIV., der Königinmutter und dem Hofstaat. Auch die «Großen Kollegen» vom Hôtel de Bourgogne haben sich die Gelegenheit nicht entgehen lassen, die neuen Konkurrenten in Augenschein zu nehmen. Sie lächeln schadenfroh, als nach der Vorstellung der dünne Höflichkeitsapplaus rasch verebbt. Der König gähnt. Der Chef der Truppe tritt, nach Sitte der Zeit, als «Orateur» vor den Vorhang, um, wie üblich, das zweite Stück anzukündigen. Hier muß es in Form einer Bitte vorgetragen werden. Aufregende Minuten, Molières «quart d'heure de Rabelais»[38], die Viertelstunde der Entscheidung. Verzweiflung gibt ihm die Kraft, eine besonders charmante Rede zu halten. Der König nickt Gewährung. Es folgt *Der verliebte Doktor* (*Der Vorhang hebt sich*). Alle auf der Bühne wissen, worum es geht: sie geben ihre Bestes, übertrumpft von Molière selbst, der zum erstenmal in Paris als Komiker auftritt. Der König lacht lauthals, und das Publikum tobt, selbst die Kollegen im Parterre lächeln. Es ist ein runder Sieg.

Voller Freude, einen Spaßmacher mehr für seinen Hof zu haben, gibt der zwanzigjährige Monarch der Truppe seines Bruders die Bühne des Petit Bourbon frei. Daß die Neulinge 1500 Livres Einstand an die Italiener, die dort Hausrecht haben, zahlen, daß sie mit ihnen alternieren, sich mit den sogenannten «schlechten Tagen» (Montag, Mittwoch und Donnerstag[39]) begnügen müssen, ficht Madeleine und Molière nicht an. Sie haben die erste Sprosse der erträumten Erfolgsleiter erklommen, sie dürfen in Paris spielen, dem Zentrum des kulturellen Lebens.

Nach der glänzenden Premiere am 2. November mit *Der Tolpatsch* herrscht Hochstimmung, die in den nächsten Wochen einen empfindli-

Molière. Gemälde von Pierre Mignard

chen Dämpfer erhält. Unglücklicherweise hat es sich Molière in den Kopf gesetzt, als Heldendarsteller glänzen zu wollen. Sein Versuch, im ernsten Drama so natürlich wie möglich zu sprechen und zu agieren, scheitert bereits im Ansatz; nicht zuletzt, weil er selbst der ungeeignetste Vertreter für seine Absicht ist.[40] Das Pariser Publikum zieht, wie die große Masse zu allen Zeiten, das Gewohnte dem Neuen vor und bleibt dem Hôtel de Bourgogne treu, wo die larmoyante Pathetik zu Hause ist, die Molière auch später vergebens bekämpfen und die als konstanter Deklamationsstil noch jahrhundertelang in der «Comédie Française» beheimatet bleiben wird.

Die Einnahmen fließen immer spärlicher; Schatten des «Illustre Théâtre» tauchen auf. Bahnt sich eine zweite Katastrophe an? Der weibliche Zugstar meint wohl schon, auf einem sinkenden Schiff zu sein. Marquise du Parc wird, ihren Trottel von Mann mit sich ziehend, fahnenflüchtig und wechselt zum Marais. (Im Oktober, als das Unternehmen wieder floriert, kehrt sie reumütig zurück.) Neue Mitglieder füllen die Lücke: Jodelet, der letzte Farceur alten Stils, wegen seiner obszönen Improvisationen verpönt; das bravere Ehepaar du Croisy und der noch bravere La Grange, der vom ersten Tag an bis über Molières Tod hinaus ein tägliches Register über die Vorstellungen und Einnahmen führt, die einzig sichere Quelle über das materielle Leben des Dichters. Leider hat der sehr diskrete La Grange außer Zahlen nur Hochzeiten, Taufen, Todesfälle, Wechsel im Personal usw. in knappster Sachlichkeit notiert, aber keine Interna. Sonst wären wir besser orientiert über das, was sich hinter den Kulissen abgespielt hat. Wäre es immer so friedlich zugegangen, wie man häufig liest – die Molière-Bühne wäre ein Unikum in der Theatergeschichte!

Rechtzeitig besinnt sich der Prinzipal und greift auf seine eigenen bewährten Farcen zurück. Sofort wendet sich das Blatt. Das Haus füllt sich, und die Kasse stimmt. Am 13. Mai 1659 hat er nicht nur Schulden zurückzahlen, sondern gegen Ende des Jahres sich sogar den Luxus leisten können, Geld zu verleihen. Im August hat Mutter Béjart ein neues Haus für 900 Livres jährlich gemietet. Aber nicht nur finanziell geht es voran, auch Molières Ruf wächst, freilich nur als «Lustige Person», was er mit einem lachenden und einem weinenden Auge betrachtet haben wird. Zu einem Zeitgenossen soll er während der Wanderzeit einmal gesagt haben: *Wie können verständige Leute nur über den Quatsch, den ich mache, lachen! Ich tät's nicht.* In diesem anekdotischen Wort klingt seine große Sehnsucht an: als Schauspieler, als «persona» ernst genommen zu werden. Doch das wird ein Wunschtraum bleiben, bis ans Ende seiner Tage. Dagegen wird ihm als Autor ein Erfolg beschert, der alle seine Erwartungen übersteigt.

In seinem Anfang war das Preziösentum eine ernsthafte Reformbewegung. Dafür, was man im Frankreich des 17. Jahrhunderts unter «précieux, précieuse» verstand, haben wir kein entsprechendes deutsches Wort. «Kostbar, köstlich, edel» deuten es nur an. Treffender könnte man schon die Preziösen mit einem vulgären Ausdruck im modernen Journalistenjargon als «die Niveauheber» bezeichnen.

Pierre Corneille

Durch die Bürgerkriegswirren der Fronde war in Frankreich eine allgemeine Verwilderung eingetreten. Für die Dichtung hatten die sieben Dichter der Pléjade eine freiere Form gesucht, gegen die François de Malherbe [41] seine strengen Regeln aufstellte. Beide Richtungen vergewaltigten die lebendige Sprache. Die Literatur war erstarrt und die Umgangssprache, der Verkehr der Menschen untereinander war, auch in der gehobenen Schicht, ohne Stil und Form. Die Preziösen wollten nun eine Regelung für ein gesittetes gesellschaftliches Leben schaffen.

Die Keimzelle dieser Bestrebungen war das «blaue Zimmer» im Hôtel de Rambouillet. Bei Cathérine de Vivonne, Marquise de Rambouillet, traf sich mittwochs die geistige Elite von Paris. Das war wirklich etwas Neues, daß diese kluge Frau nicht nur Vertreter ihrer Klasse empfing, sondern weder auf Stand, Reichtum oder Religion ihrer Besucher sah.

Die Mitglieder der Truppe, 1658

Hier galt zum erstenmal Geist mehr als Geburt. Das «blaue Zimmer» Cathérines war der erste Salon (wenn die Bezeichnung auch erst gegen Ende des Jahrhunderts üblich wurde), die Geburtsstätte der französischen Konversation. Wichtiger als der demokratische Zug dieses Kreises aber war der emanzipatorische. Die Frau begann führende Stellung einzunehmen. Es wirkt wie eine Reminiszenz, wenn der eifrige Molière-Leser Goethe im «Tasso» die Prinzessin Eleonore sagen läßt: «Willst du genau erfahren, was sich ziemt, so frage nur bei edlen Frauen an.»

Man war bildungshungrig und hielt auf Umgangsformen. Da politisches Bewußtsein nur bei Vertretern des Staates und der Kirche vorhanden war, blieb die Literatur als Hauptbetätigungsfeld. Und sie begann bald zu überwuchern. Bald gab es des Reimens kein Ende mehr. Dabei

Joseph Béjart Geneviève Béjart Du Fresne

De Brie Mlle Du Parc Louis Béjart

war man durchaus nicht prüde; neben problematischen Gesprächen wurde witzig geplaudert, das Geistreiche wurde modern. Oft wurden auch recht ausgefallene Scherze getrieben. Und der Kreis zog Kreise. Jede Dame von Rang, die etwas auf sich hielt, eiferte der Marquise nach, nur hatte leider keine deren Format. Bald gab es Dutzende «jener bürgerlichen Akademien, wo man Vers und Prosa und jedes neu erschienene Buch bespricht»[42]. Den Anlaß zum Umkippen der seriösen Bestrebungen in lächerliche Übertreibungen gab Mademoiselle de Scudery mit ihrem Riesenerfolg «Clelie», einem zehnbändigen sentimentalen Romanwerk, das eine Massenhysterie zur Folge hatte. Die in dem Epos eingefügte «Carte de Tendre» (Karte der Zärtlichkeit) mit topographischen Bezeichnungen wie «Dörfchen galante Verse», «Fels Treulosigkeit» und «Meer der Feindschaft» wurde zur idealen Liebeslandschaft aller «gebildeten» Französinnen. Die berühmte Kurtisane Ninon de Lenclos schrieb über ihre Geschlechtsgenossinnen:

«Die Romane haben sie verdorben und sie halten es für eine Ehrensache, ihre Leidenschaft zu spiritualisieren. Durch ihr allzu großes Zartgefühl gelangen sie endlich zu einer Art galanten Aberglaubens, der ihnen um so mehr zu Kopf steigt, je mehr sie das Werk ihrer eigenen Einbildung aufrechterhalten wollen. Sie erblicken eine Schande darin, auf das Niveau des gesunden Verstandes hinabzusteigen und wieder Menschen zu werden.»[43]

Das Wort «amour» verlor jede sinnliche Kraft, wurde zur blutlosen Metapher. Im Bemühen, die Sprache zu kultivieren, wurde sie pervertiert. Die Preziösen verabscheuten «parler en bourgeois et la langage des Halles». Man wollte nicht sprechen wie der Bürger oder im Jargon

Die erste Seite des Registers von La Grange

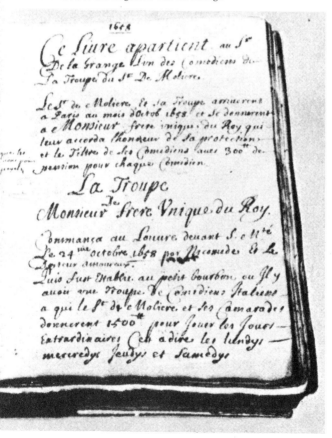

Ludwig XIV. im Jahre 1658. Stich von N. Poilly nach einem Gemälde von N. Mignard d'Avignon

der Marktweiber. Und man sagte statt Nase «Schleuse des Gehirns»; die Füße waren «die armen Dulder» und graue Haare die «Quittung der Liebe». Sobald eine fortschrittliche Bewegung eine spezifische Terminologie entwickelt, wird sie durch ihr «Parteichinesisch» für Außenstehende unverständlich und lächerlich. Daß die Preziösen die Dinge nicht mehr beim Namen nannten, hatte zur Folge, daß die französische Sprache heute noch so viele zusammengesetzte Wörter besitzt. (Um nur ein Beispiel zu nennen: Pellkartoffel: «pommes de terre en robe de chambre» = «Erdäpfel im Schlafrock».)

Madeleine Béjart als Magdelon ...

Der Dichter Paul Scarron charakterisierte die kulturelle Situation der Epoche in einer Epistel an den Marschall d'Albert wie folgt:
«Fort mit den Schwätzern beiderlei Geschlechts / ich weise den Preziösen ihren Platz: / Die nichts begreifen – die das Richtige wollen! / Die Sprache zeigt's: ob Ausdruck, ob Geschnatter! / Ein Wort voll Saft – und dumme Redensarten! / Und schließlich nichts als Überhöflichkeit. / Von den Preziösen, die man ehren muß / gibt's heute in Paris zwei oder drei.»

...und La Grange als La Grange in «Die lächerlichen Preziösen».
Ölmalerei auf Marmor

Das Thema liegt in der Luft. Mehrere Autoren haben es vor ihm behandelt, aber keiner hat den Kern getroffen. Molière mit seinem Gespür für das Augenfällige bekommt den Stoff sicher in den Griff. Zunächst noch ohne böse Absicht, noch ist er kein Provokateur. Sein Antrieb ist in erster Linie, ein Erfolgsstück zu kreieren. Er schießt ins Blaue und trifft ins Schwarze. Die Uraufführung des Prosa-Einakters *Les Précieuses ridicules* am 18. November 1659 wird ein exzeptioneller Erfolg. Ein alter Herr soll begeistert aus dem Parkett gerufen haben: «Mut, Molière!

Endlich einmal eine echte Komödie!» Dennoch fällt am nächsten Spieltag die Vorstellung aus. Angeblich ist das Stück verboten worden. Von wem und warum? Weder die Kirche noch der Staat sind angegriffen, lediglich ein Privatzirkel dem Spott preisgegeben. Molière soll das Manuskript zum König in die Pyrenäen geschickt und von ihm die Freigabe erreicht haben. Neuerdings glaubt man eher an einen Reklametrick, wahrscheinlich von der geschäftstüchtigen Madeleine inspiriert. Jedenfalls sind ab 2. Dezember, als serienweise weitergespielt wird, die Eintrittspreise auf das Doppelte erhöht.

Aber ist das denn so aufregend, wenn zwei junge Herren sich für die schnöde Behandlung durch zwei Provinzgänse rächen, indem sie ihnen von ihren als aristokratische Modekavaliere verkleideten Dienern ein Affentheater vormimen lassen, auf das die verblendeten Mädchen hereinfallen? Daß die Diener Mascarille und Jodelet zum Dank dafür, den Auftrag ihrer Herren bravourös ausgeführt zu haben, zum Schluß verhöhnt und verprügelt werden, erscheint uns als gemeine Ungerechtigkeit, ist aber nur ein getreues Abbild alltäglicher Lebensgewohnheiten der Epoche: Domestiken wurden damals auch bei jeder unpassenden Gelegenheit verprügelt. In dieser Hinsicht ist noch eine kleine Szene bemerkenswert, die mehr als ein Schlaglicht auf die gesellschaftlichen Zustände im «Großen Jahrhundert» wirft. Der als Marquis maskierte Mascarille läßt sich in einer Sänfte bis ins Empfangszimmer der jungen Damen tragen und hat sich schon so in seine Rolle eingelebt, daß er die Sänftenträger unflätig beschimpft. Als der Bescheidenere der beiden Träger demütig um seinen Lohn bittet, fährt ihn Mascarille an: *Was, du Spitzbube, von einer Standesperson verlangst du Geld?* Als der Sänftenträger daraufhin erklärt: *Behandelt man so arme Leute? Von Ihrer Vornehmheit werden wir nicht satt,* erhält er eine Ohrfeige. Worauf der andere Träger, aus gröberem Holz geschnitzt, handgreiflich zu werden droht, und Mascarille sofort Geld herausrückt, nebst einem Extra für die Ohrfeige, und konstatiert: *Wer mir auf die richtige Art kommt, kann alles von mir kriegen. Aber der andere Dussel, der weiß ja nicht, was er redet!* Wie hier der Diener als Herr auftritt und zugleich als Diener zu seinesgleichen spricht, wäre ein soziologisches Referat wert. Wohlgemerkt: Molière will hier keine gesellschaftskritische Studie geben. Aber daß er eine für die Zeit typische Situation, lediglich in der Absicht, Lacher zu erzeugen, auf die Bühne bringt, macht die Sache authentischer als jede Tendenz. Bezeichnenderweise werden im Sprachgebrauch der Preziösen Sänftenträger «getaufte Maulesel» genannt; das dienende Volk wird also nicht zu den Menschen gezählt.

Im übrigen wird uns die Brisanz der *Lächerlichen Preziösen,* deren Hauptspaß uns heute harmlos vorkommt, sofort verständlich, wenn wir uns vorstellen, Böll oder Grass hätten 1968, inmitten der Hoch-Zeit der Studentenrevolte, ein Stück mit dem Titel «Die lächerlichen Progressiven» herausgebracht. Der Autor hätte noch so oft und nachdrücklich versichern können, er habe ja nur die Auswüchse der Bewegung anprangern wollen – kein Linker hätte ihm das abgenommen, und er wäre vor Morddrohungen nicht sicher gewesen.

In einer solchen Lage befindet sich Molière Anfang des Jahres 1660.

Als ein Raubdruck der Komödie erscheint, ergreift er rasch die Gelegenheit, um zu beteuern, wie sehr man ihn mißverstanden habe. Dieses Vorwort hat für uns dreifachen Reiz. Vom Geistesgeschichtlichen her: der Dialektiker Molière meldet sich hier zum erstenmal zu Wort. Vom Biographischen her ist es fast rührend, wie der junge Autor, der sich (mit immerhin 38 Jahren) zum erstenmal gedruckt sieht, seine Freude darüber mit verschämter Ironie verbrämt. Drittens: weil das Vorwort den Literaturbetrieb des 17. Jahrhunderts amüsant beleuchtet.

Es kommt einem befremdlich vor, wenn man gegen seinen Willen gedruckt wird. Ich halte das für sehr ungerecht und könnte jede andere Gewalttat eher verzeihen. Ich will hier nicht den bescheidenen Autor mimen und meine eigene Komödie ehrenhalber schlechtmachen. Damit würde ich ja ganz Paris beleidigen, wenn ich es beschuldigte, ein Machwerk beklatscht zu haben. Das Publikum ist unumschränkter Richter über unsere Werke. Welche Unverschämtheit von mir, wenn ich es Lügen strafen wollte. Ja, selbst wenn ich vor der Vorstellung die schlechteste Meinung über meine «Lächerlichen Preziösen» gehabt hätte, jetzt müßte ich doch glauben, daß an ihnen etwas dran ist, nachdem so viele sie übereinstimmend loben. Weil aber ein großer Teil des Reizes, den man ihnen nachsagt, von der Art der Darstellung und vom Ton der Akteure abhängen, lag mir daran, sie ihres zierlichen Schmucks nicht zu entblättern. Ich wollte sie nicht von der Bühne in die Buchhandlung purzeln lassen. Da ich aber das Pech hatte, daß eine gestohlene Abschrift meines Stücks einem Verleger in die Hände fiel, konnte ich das nicht verhindern. Denn zu meiner Überraschung hatte er sich eine offizielle Druckerlaubnis erschlichen. Da hatt' ich gut schreien «o tempora, o mores!» Ich stand vor der Zwangslage: entweder ich erlaube den Druck oder ich prozessiere. Das letztere Übel ist noch schlimmer als das erste: ich muß mich also mit meinem Geschick abfinden in einer Sache, die auch ohne mich ihren Gang gehen würde.

Mein Gott, welch eine Verlegenheit, ein Buch ans Tageslicht zu bringen, wenn man als neugebackener Autor zum erstenmal gedruckt wird! Hätte man mir wenigstens Zeit gelassen, mich zu bedenken, um jene Manipulationen vornehmen zu können, die alle Herren Autoren – von jetzt ab meine Kollegen – in solchen Fällen praktizieren. Zunächst hätte ich einen großen Herrn, ob er will oder nicht, zum Protektor meines Werkes gemacht, mit dem Versuch, durch eine blumige Widmung seine Freigebigkeit anzureizen. Dann hätt' ich mich bemüht, ein schönes und gelehrtes Vorwort zu verfassen. Es fehlt mir keineswegs an Büchern, die mich mit allem versorgt hätten, was sich über Tragödie oder Komödie Kluges sagen läßt. Ich hätte auch mit meinen Freunden gesprochen, die mir zur Empfehlung meines Stücks weder französische noch lateinische Verse vorenthalten hätten; ich kenne sogar solche, die mich auf griechisch gerühmt hätten. Und das ist ja bekannt, wie überwältigend sich so ein griechischer Lobspruch auf dem Titelblatt eines Buches macht!

Aber mich bringt man heraus, ohne mir die Muße zu gönnen, mich zurechtzufinden; ja, ich kriege nicht einmal Erlaubnis, mit zwei Worten erklären zu dürfen, was mir bei dem Stoffe dieser Komödie vorschwebte.

Ich wollte deutlich machen, daß es sich durchaus in den Grenzen der Gesittung und erlaubter Satire hält.

Auch das Erhabene ist nicht davor geschützt, nachgeahmt zu werden von dummen Affen, die nur verdienen, daß man sie dafür auslacht. Die Imitation selbst des Vollkommenen war zu allen Zeiten legitimes Objekt der Komödie. Wirkliche Gelehrte und wahre Helden sind noch nie auf die Idee gekommen, sich durch den Doktor oder Capitano der Komödie beleidigt zu fühlen, genauso wenig wie die Richter, Prinzen und Könige, wenn sie die Harlekine auf dem Theater sehen, die Richter, Prinzen oder Könige lächerlich darstellen. Genauso hätten die wirklichen Preziösen Unrecht, sich pikiert zu fühlen, wenn man ihre lächerlichen Nachahmerinnen auf die Bühne bringt. Aber was soll's? Man läßt mich, wie gesagt, ja nicht zu Atem kommen. Mein Verleger will mit meinem Stück schon zum Buchhändler. Nun gut – Gott hat es gewollt! 44

DIE FRÜHGEBURT DES MUSICALS
AUS DEM GEIST DER KOMÖDIE

> «Die Ursache des Lachens muß von einer
> plötzlichen Entladung der gespannten
> Aufmerksamkeit durch einen Kontrast entstehen.
> Ähnlichkeit mit dem elektrischen Funken.»
> Novalis, Aphorismen

Im Frühjahr, während Molière an einem neuen Stück schreibt, stirbt sein Bruder Jean, und Jean-Baptiste muß wieder die Charge als «Tapissier du Roy» übernehmen. Mit der Familie steht er weder gut noch schlecht, man ist verwandt, sieht sich an Festtagen, spielt Trauzeuge, steht Gevatter und geht mit zum Begräbnis, wenn einer stirbt. Im übrigen lebt man in zu verschiedenen Welten. Außerdem gibt es sentimentale Familienbande, wie sie eigentlich erst das Biedermeier in Deutschland entwickelt hat, im 17. Jahrhundert Frankreichs nicht – bei Genies ohnehin so gut wie nie.

Ein anderer Todesfall ist für den Theaterdirektor Molière schmerzlich. Jodelet stirbt, der einzige gleichwertige Partner als Komiker. Seine Rolle in den *Preziösen* muß umbesetzt werden.

Am 28. Mai folgt der nächste Bombenerfolg: *Sganarelle ou le cocu imaginaire* (*Sganarelle oder der vermeintliche Hahnrei*). In diesem von witzigen Mißverständnissen wimmelnden Spiel um sein Zentralthema hat Molière einen Monolog eingebaut, in dem er, der natürlich die Hauptrolle spielt, sich selbst einreden will, wie unwichtig es doch sei, sich wegen einer Bagatelle wie weibliche Untreue aufzuregen – einen Monolog, der etwas von einem komischen Hamlet an sich hat.

Friedfertige Menschen lieb ich und zwar sehr,
und schlage keinen, daß mich keiner schlägt.
Sanftmut war immer meine größte Tugend.

Julien Bedeau, gen. Jodelet. Anonymer Stich

*Doch meine Ehre sagt mir, solche Schmach
erfordert eisern, daß ich Rache nehme.
Je nun, laß sie doch reden, was sie will,
da hätte man, beim Satan, viel zu tun!
Streng ich mich an und spiele hier den Helden,
durchbohrt ein Degenstoß mir meinen Bauch,
daß meinen Tod die ganze Stadt beklatscht.
Der Sarg ist ein zu trister Aufenthalt
und ungesund für die, die Kolik fürchten.
Was mich betrifft, ich finde, recht betrachtet,
ist Hahnrei sein doch besser noch als tot.
Was macht das schon? Mein Bein, wird es denn krummer
dadurch und meine Taille weniger schlank,
Verflucht sei, wer auf diesen Blödsinn kam,*

den Geist mit diesem Wahn sich zu zermartern,
des klügsten Mannes Ehre hinge ab
vom Hickhack einer flatterhaften Frau.
Hält man mit Recht Verbrechen für persönlich,
wieso wird unsre Ehre dadurch strafbar?
Für Taten anderer werden wir getadelt?
Wenn unsere Frauen ohne unser Zutun
gemein sind, ehrlos, geht's auf unsern Rücken.
Sie t u n die Dummheit und wir s i n d die Dummen.
Wenn das kein Mißbrauch ist! Die Polizei,
die dürfte so ein Unrecht gar nicht dulden.
Spielt nicht der Zufall schon genug mit uns,
wenn er uns beutelt, daß wir Zahnweh kriegen?
Prozesse, Zank, Durst, Hunger, Krankheit
zerstören schon die Ruhe unsres Lebens
ununterbrochen. Soll man hirnverbrannt
sich Kummer ohne jeden Grund noch machen?
Was soll's? Verachten wir, was wir befürchten,
erhaben über Seufzer oder Tränen!
Hat meine Frau gefehlt, so laß sie heulen!
Warum sollt ich, der nichts getan hat, weinen?
In jedem Fall vertreibt mir meinen Unmut:
Ich bin allein nicht in d e r Bruderschaft!
Die Frau betrügt, der Gatte schweigt, – die Praxis
ist heute sehr beliebt bei feinen Leuten!
Wozu sich suchen, was nur Ärger macht,
für einen Schimpf, der nichts ist, fast wie nichts?
Nennt man mich dumm, weil ich mich nicht will rächen,
ich wäre dümmer, lief ich in den Tod.
(Die Hand auf die Brust legend)
Und doch, ich spür, wie mir die Galle hochkommt,
mir rät zu irgendeiner Mannestat.
Ja, Zorn ergreift mich . . . wär' ich nur kein Hase!
O gräßlich räch ich mich an dir, du Bube!
Im ersten Feuereifer sag ich glatt
dir ins Gesicht: du schläfst mit meiner Frau! 45

Die Italiener haben Mitte 1659 Paris verlassen. Molière ist seitdem Alleinherrscher im Petit Bourbon und kann jetzt an den «guten Tagen» spielen. Nicht mehr für lange. Als die Truppe am 1. Oktober zur Probe kommt, sind Arbeiter dabei, die Stätte ihres Wirkens zu zerstören. Große Aufregung. Molière verlangt eine Erklärung. Und erhält den Bescheid: Auf Befehl des Oberintendanten der königlichen Bauten, Ratabon, müssen Teile des Petit Bourbon für einen Neubau abgerissen werden. Was ist geschehen? Die Preziösen und die auf Molières Erfolge neidischen Kollegen der Feder und der Bretter haben diese Intrige gesponnen. Die Meute, die ihm noch viel zu schaffen machen wird, hat sich

«Sganarelle oder der vermeintliche Hahnrei». Stich, 1694

das fein ausgedacht: ohne Bühne ist er erledigt. Sie haben sich aber nicht nur getäuscht, sondern sozusagen ein glattes Eigentor geschossen. Wie oft im Leben erweist sich ein Ereignis, das zunächst negativ erscheint, in der Zukunft als Glücksfall, so auch hier: auf Molières Beschwerde weist der König ihm das alte Palais Royal als Spielort an. Der große Theatersaal, den Kardinal Richelieu hat bauen lassen, ist zwar eine verwahrloste Ruine, und es kostet viel Geld[46], ihn in neuem Glanz erstehen zu lassen, dafür aber hat er für 1500 Personen Platz und eine größere Bühne. Das theatralische Boot Molières ist in seinem Hafen eingelaufen. Das Palais Royal wird zu dem historischen Ort, an dem Molières berühmteste Werke ihre Uraufführung erleben, wird zum Kampfplatz seines Lebens, seiner Triumphe und Enttäuschungen.

Freilich: zunächst besteht die Gefahr, daß er sein eben erst erworbenes Stammpublikum verliert, denn er muß monatelang pausieren. Natürlich nutzen die Chefs der beiden Konkurrenzbühnen die Gelegenheit zur Abwerbung von Mitgliedern des Molière-Ensembles aus. Aber alle bleiben standhaft. Jedenfalls nach dem Treuebekenntnis, das uns von

*Das Palais Royal,
früher Palais Cardinal*

La Grange überliefert ist, worin sie ausnahmslos versichern, wie sehr sie ihren Meister über alles lieben und sein Geschick teilen wollen, «welche Anerbietungen man ihnen auch machte und welchen Vorteil sie auch anderswo finden könnten»[47]. Soviel Edelmut macht skeptisch. Auch während der Zeit ohne festes Haus ist den Societären der Lebensunterhalt durch Gastspiele auf Schlössern und private Einladungen gesichert; außerdem haben Schauspieler eine Nase dafür, wer ein Erfolgsmensch ist und ihnen auf die Dauer höhere Gagen bieten kann.

Noch ein Ereignis dieses Jahres: Molière hat die Ehre, vor dem schwerkranken Mazarin zu spielen, den Sterbenden zum letztenmal zum Lachen zu bringen. Hinter dem Stuhl des Kardinals steht ein hoher Gast: der Sonnenkönig, der dieser denkwürdigen Vorstellung inkognito beiwohnt.

Im Spätherbst wird die Restaurierung des Palais Royal energisch in die Hand genommen, und Madeleine mietet in dem großen Gebäudekomplex vier Zimmer für ihre Familie und Molière. Am 4. Februar 1661 wird das neue Theater feierlich eröffnet, mit einem Stück, von

dem sich Molière viel verspricht. Mit 39 Jahren hat er endlich seinem Drang zu Höherem nachgegeben und ein Werk geschrieben, das er selbst ernst nimmt. Er nennt es *Heroische Komödie*, aber es ist eine Tragikomödie. *Dom Garcie de Navarre ou le prince jalou* (*Don Garcia von Navarra oder der eifersüchtige Prinz*). Es wird der größte Reinfall seines Lebens. Nach sieben Vorstellungen, die letzten vor fast leerem Haus, muß er das Stück absetzen.[48] Mag der Mißerfolg den Dichter Molière getroffen haben, der Theatermann Molière ist ein Stehaufmännchen. Schon am 24. Juni läuft er der Konkurrenz wieder den Rang ab, mit einem gereimten Einakter: *L'École des maris* (*Die Gattenschule*) hat in der Stadt den gleichen durchschlagenden Erfolg wie bei Gastvorstellungen in Fontainebleau und bei dem Superfest auf dem Schloß Vaux im August.

Fouquet, der fast allmächtige Finanzminister, hat ein Zauberschloß mit Wundergärten, Wasserspielen und Befestigungen erbauen lassen und den jungen König, seine Mutter, seine Schwägerin und nicht zuletzt Mademoiselle de La Vallière, Ludwigs schöne Geliebte, in dieses Prunkschloß zu einem gigantischen Fest eingeladen. Den Sonnenkönig übertrumpfen zu wollen ist ein akuter Fall von Größenwahn. Die Damen müssen den Monarchen zurückhalten, daß er seinen Minister nicht sofort auf dem Fest verhaften läßt.[49]

Von dieser Staatsaffäre erfährt Molière natürlich nichts. Für ihn gibt es andere Aufregungen. Fouquet hat nämlich in letzter Minute eine neue Komödie für dieses Fest bestellt. In vierzehn Tagen hat der Dichter

*Richeleu (rechts, sitzend)
mit der königlichen Familie
im Palais Cardinal. Gemälde*

ein sogenanntes Schubladenstück zusammengebastelt: *Les Facheux* (*Die Lästigen*). Der junge Marquis Eraste kann zu seinem Rendezvous mit seiner Geliebten Orphise nicht kommen, weil er immer wieder von Typen gestört wird, die sich so wichtig nehmen, daß sie ihren Mitmenschen, ob sie wollen oder nicht, auf die Nerven fallen; Typen, die es zu allen Zeiten gab und geben wird. Hier werden sie im Kostüm, den Gebräuchen und der Mentalität des 17. Jahrhunderts vorgeführt. Eine Unsitte der Epoche, die dem Theatermann Molière so manchen Fluch entlockt haben wird, besitzt 1661 hohen Aktualitätswert: daß die teuersten Plätze auf der Bühne oft von den ungehobeltsten Leuten eingenommen werden. Dennoch gehört schon eine Portion Frechheit dazu, den Herren, die gemeint sind, ein Musterexemplar ihrer Gattung in plastischer Schilderung vor die Nase zu setzen. Zugleich zeigt uns der Part, wie angestaute Wut sich bei Molière in überlegenem Spott zu äußern pflegt.

Eraste: *In bester Laune saß ich auf der Bühne,*
das vielgerühmte Stück mir anzuhören.
Die Schauspieler beginnen. Es wird still.
Da stürmt mit knallenden Kanonenstiefeln
ein ungestümer Geck herein und schreit:
«He! Holla! Einen Sessel her! Und hurtig!»
Der Krach verwirrt die Zuschauer im Saal
und stört das Stück just an der schönsten Stelle.
Mein Gott, wie oft man auch Franzosen tadelt –

Mademoiselle de La Vallière

sittsam, wie Menschen, zeigen sie sich nie,
dacht ich, doch muß man wirklich unser Zerrbild
auch noch auf dem Theater demonstrieren,
durch solche Narrenstreiche noch bestätigen,
was man in Nachbarländern von uns spricht?
Indes ich drüber still die Achseln zucke,
versuchen nun die Spieler fortzufahren.
Doch wieder brüllt der Kerl, er will sich setzen
und schreitet schweren Schritts quer durch die Szene.
Obgleich er Platz auch an der Seite hätte,
pflanzt er den Sessel vorne in die Mitte
und zeigt dem Publikum den breiten Rücken,
Dreiviertel des Parketts kann nichts mehr sehen.
Man lärmt. Ein jeder andre hätte sich
geschämt. Er, patzig, kümmert sich um nichts
und wär bestimmt auf seinem Platz geblieben,
hätt er, zu meinem Pech, nicht mich entdeckt.
«Marquis!» ruft er – und setzt sich neben mich.
«Wie geht's, wie steht's? Laß dich umarmen, Bester!»
Mir steigt die Schamröte in mein Gesicht,

*weil alles sieht, ich kenn den Störenfried;
zwar oberflächlich nur, doch diese Sorte
nimmt keine Rücksicht und wird plumpvertraulich,
küßt uns zum Gruß, daß man sich trocknen muß,
und duzt uns glatt, als wären wir verwandt.
Dann kommt er mir mit hundert dummen Fragen,
spricht ungeniert und lauter als die Spieler.
Man flucht von unten. Ich, ihn abzulenken,
sag ihm, es wär mir lieb, das Stück zu hören.
«Kennst du es denn noch nicht, Marquis? Ei, dammich!
Ich find's ganz drollig und ich bin kein Esel,
ich kenn mich etwas aus im Stückeschreiben.
Corneille liest alles, was er schreibt, mir vor.»
Nun schildert er mir der Komödie Handlung,
Szene um Szene, wie sie sich grad abspielt
und rezitiert, die er im Kopf behalten,
die Verse fix, eh sie der Spieler spricht.
Ich sitze hilflos da – er macht sich wichtig,
bis er sich plötzlich, lang vor Schluß noch, trollt;
denn das gehört zum Schick der feinen Welt,
ja nicht des Stückes Ausgang abzuwarten.*[50]

Fünf der komischen Typen in dieser brillanten Satire spielt der Verwandlungskünstler Molière selbst. Majestät amüsieren sich königlich und liefern dem Autor noch einen Beitrag zu der Spottkomödie, indem er den Dichter auf einen weiteren «Lästigen» hinweist.[51] Prompt folgt Molière dem Wink des Souveräns. In seiner Widmung an den König schreibt er, nicht ohne Stolz und nicht ohne Hintergedanken:
Ich muß gestehen, daß ich nie etwas mit solcher Leichtigkeit und Schnelligkeit gearbeitet habe, als die Stelle, die Euer Majestät mir aufgetragen haben. Die Freude, mit der ich gehorchte, wog mir reichlich den Beistand Apollos und der neun Musen auf, und ich ermesse daran, wie ich ein ganzes Stück auszuführen imstande wäre, wenn ich durch ähnliche Aufträge inspiriert würde.

Die Lästigen haben keine literarische, dafür eine große theatergeschichtliche Bedeutung. In seiner Vorbemerkung zur Buchausgabe erklärt der Autor zunächst voller Stolz, daß er glaube, *es ist noch nicht dagewesen, daß ein Lustspiel in vierzehn Tagen entworfen, geschrieben, einstudiert und aufgeführt wurde.* Dann aber kommt er auf das Wesentliche zu sprechen: *Es ist vielleicht nicht unangebracht, einige Worte über die anderen Belustigungen zu sagen, die mit der Komödie verbunden waren. Meine Absicht war, zugleich auch ein Ballett zu geben; da aber nur eine kleine ausgewählte Anzahl von hervorragenden Tänzern zur Verfügung stand, war man gezwungen, die einzelnen Auftritte des Balletts voneinander zu trennen. Und so wurden dann diese Ballettszenen in die Zwischenakte des Lustspiels verlegt, damit die männlichen Tänzer Zeit fanden, immer wieder in anderen Kostümen aufzutreten. Um also nun den Faden des Stückes nicht ständig durch diese Zwischenspiele zu zerreißen, suchte ich, sie der Handlung nach Möglichkeit an-*

zupassen, Lustspiel und Ballett in eins zu verschmelzen.

Molière wird diese Vorform des Musicals in seinen Ballettkomödien in Zusammenarbeit mit Lully weiterentwickeln, und er wird es mit Feuereifer tun.[52] Hier ist er ganz in seinem Element: als Regisseur, als Bühnenkünstler, dem vielleicht schon so etwas wie ein theatralisches Gesamtkunstwerk vorschwebt. Die meisten Biographen bedauern Molière, daß er sich der Mühe unterziehen mußte, solche faden Lustbarkeiten zum bloßen Amüsement einer blasierten Hofgesellschaft zu fabrizieren und dadurch von seiner wahren Arbeit abgelenkt wurde, der Herstellung edler, hochwertiger Komödien. Von ihrem Standpunkt aus mögen die Herren recht haben; könnten sie in der Seele eines Vollblut-Theatermannes lesen – sie wüßten es anders. Gewiß mag er manchmal unter der Überlastung gelitten, sicher auch laut gestöhnt haben. Dennoch ist jeder königliche Auftrag für ein Divertissement eine Aufgabe, auf die er sich mit Wonne stürzt. Nicht weil sie meistens gut honoriert wird, sondern weil sich hier seine gestalterische Bühnenphantasie nach Herzenslust austoben darf. Die Texte nimmt er nicht wichtig, wirft sie flüchtig hin. Aber die Inszenierung – das ist ein Fest für ihn! Welcher Regisseur wünscht sich nicht, einmal aus dem Vollen schöpfen zu dürfen; alles, was einem einfällt, auf die Beine, auf die Bretter stellen zu dürfen, ohne Rücksicht auf noch so hohe Kosten nehmen zu müssen? Molières Ballett-Komödien, das wird oft vergessen, machen den u n b e s t r i t t e n s t e n Ruhm bei seinen Zeitgenossen aus. Molière ist, unter anderem, auch der Max Reinhardt seines Jahrhunderts.

SCHULE DER EHE

Seltsame Sache das, dies falsche Volk zu lieben!
Die Männer sind den Weibern rettungslos verfallen;
sie kennen alle deren Unzulänglichkeit,
den Eigensinn, die Schwatzsucht, alle Welt
weiß ganz genau, wie boshaft ihr Verstand ist,
wie flatterhaft ihr Wesen, es gibt nichts,
was energieloser und dümmer wäre,
noch treuloser als sie – trotz allem tut man
in dieser Welt für diese Tierchen alles.

Schule der Frauen V, 4

Ostern 1661 fordert der Prinzipal von seinen gleichberechtigten Kollegen den doppelten Anteil an den Einnahmen «für den Fall, daß er sich verheiraten werde». Diese Eröffnung ist für das Ensemble keine Überraschung. Jeder weiß, auf wen der Chef Absichten hat. Zwei weibliche Mitglieder sehen mit scheelen Augen auf die Braut Molières. Cathérine de Brie, die Madeleine als Herzensfreundin abgelöst hat, dürfte alles andere als entzückt gewesen sein. Und Madeleine selbst? Darüber gibt es widersprüchliche Darstellungen, die mit ihrem Verwandtschaftsverhältnis zu der Erwählten zusammenhängen. Denn Tochter oder Schwester,

Jean-Baptiste Lully

das ist hier die Frage, «über die Ströme von Tinte vergossen worden sind, ohne ein sicheres Ergebnis zu erzielen»[53].

1653 hat eine gewisse Menou in Lyon eine winzige Rolle gespielt. Von diesem Mädchen ist in einem Brief von Freund Chapelle (wahrscheinlich um 1661) die Rede. Darin dichtet der ewig trunkene Libertin sie als zartjungen Efeu an, «nach dem ein starker Ast sich streckt und hofft, das schöne Pflänzchen in wenigen Tagen zu sich emporziehen zu können»[54]. Chapelle bittet Molière ausdrücklich, diese Verse nur Mademoiselle Menou zu zeigen und nicht etwa den anderen Damen, und er frotzelt seinen Freund, indem er ihn mit Jupiter und dessen Ärger während des Trojanischen Krieges über die drei rivalisierenden Göttinnen vergleicht, denn Jean-Baptiste scheint sich über die Schwierigkeiten mit seinen drei Star-Aktricen Madeleine Béjart, Marquise du Parc und Cathérine de Brie bei seinem Freund bitter beklagt zu haben.

Im Ehekontrakt vom 20. Januar 1662 wird nun zum erstenmal der Name Armande Gresinde Béjart genannt. (Zwei Tage später stören Randalierer die Vorstellung; am 27. muß er wieder einmal bei der du Parc Pate spielen.) Am 5. Februar folgt, nach einer Vorstellung von einem Stück von Desmarest und der *Gattenschule*, die religiöse Zeremonie in der Kirche Saint-Germain-l'Auxerrois, im Beisein des gesamten

Ensembles, das nicht nur des Chefs wegen dabei ist; auch die Braut gehört ja seit vielen Jahren zu ihnen, wenn sie auch, mit der einen Ausnahme als Kind (und als Orphise) bisher die Bühne noch nicht betreten hat. Als kleines Mädchen hat Armande, in der Zeit der Wanderschaft, Molière scherzend «mein Gatte» genannt – jetzt, herangewachsen und hungrig auf das Leben, spricht vieles dafür, daß sie aus Berechnung auf sein Werben eingegangen ist. Denn als eine Béjart ist sie natürlich theaterbesessen. Und daß Molière, in liebender Fürsorge, ihr das Schauspielerinnenschicksal ersparen will, ging ihr gegen den Strich. Außerdem weiß sie wohl: als Frau Direktor kann ich mir die Rollen aussuchen! (Eine Praxis, die in dem Gewerbe nicht auszusterben scheint.) Daß Armande ihn aber schon in der Hochzeitsnacht betrogen hat, ist sicherlich boshafter Klatsch. Armande wird erst übermütig, als Ruhm und Schmeichelei ihr den Kopf verwirren. Nein, Flitterwochen wird es, trotz des zwanzigjährigen Altersunterschiedes, schon gegeben haben. Denn ein Jahr später stellt sich ja pünktlich Nachwuchs ein. Die ersten Schwierigkeiten zwischen Armande und Jean-Baptiste mögen aufgetaucht sein, weil der Ehemann vom Theater mehr in Anspruch genommen wird, als es seiner jungen Frau lieb sein kann. Eine Premiere, eine Übernahme jagt nämlich die andere, weil die Dramen der Autoren, die man spielt, sich als Eintagsfliegen erweisen, bis auf ein belangloses Stück von Boyer, das es auf fünfzehn Vorstellungen bringt. Die Kasse retten müssen *Die Lästigen* mit 26 und *Die Gattenschule* mit achtzehn ausverkauften Häusern.

Dazwischen gibt es andere Aufregungen. Einer von Molières frühesten Autoren, von dem er im Petit Bourbon noch ein Stück gespielt hat, Jean Magnon, wird auf dem Pont neuf ermordet, der Dichter Claude le Petit wird, wegen Lästerung der Heiligen Jungfrau, auf dem St.-Grèveplatz gehenkt. Und gegen eine öffentliche Hinrichtung kann kein Theater sich behaupten. Scaramouche kehrt nach Paris zurück. Er bringt einen neuen Star mit: Domenico Biancolelli, den großen Arlequino. Das Unwahrscheinliche, hier wird's Ereignis: die beiden im gleichen Haus spielenden Truppen kriegen keinen Krach. Im Gegenteil: Molière, mit Scaramouche seit seiner Jugend befreundet, findet auch zu Biancolelli, der ungeachtet seiner Harlekinrolle ein hochgebildeter Mann ist, ein herzliches Verhältnis, vielleicht, weil Domenico privat ein noch größerer Melancholiker ist als Jean-Baptiste. Man lädt sich gegenseitig zu Gast, fachsimpelt und feiert miteinander.

Aller Beanspruchung und Ablenkung zum Trotz gelingt es Molière, eine fünfaktige Verskomödie zu schreiben, die seine bisherigen Erfolge in den Schatten stellt, ihm aber noch mehr Ärger bereiten wird. Am 26. Dezember 1662 uraufgeführt, bringt *L'École des femmes* (*Schule der Frauen*) binnen drei Wochen 1100 Livres ein. (Die Jahreseinnahme der Spielzeit 1661/62 beträgt, bei 124 Vorstellungen, 4310 Livres für jeden der dreizehn Societäre.)

In der *Gattenschule* waren es zwei Brüder (Ariste, 60, und Sganarelle, 40), die ihre Mündel, zwei Schwestern, jeder auf seine Art erzogen haben, um sie zu heiraten. Ariste sehr modern, indem er seiner Leonore jede Freiheit gestattet, und Sganarelle als rückständiger Tyrann, der

Isabelle wie eine Sklavin hält. Der Witz des Stücks ist, daß Sganarelle sich zum ahnungslosen Kuppler macht. Die Farce ist kein Lehrstück. Die Konstruktion stimmt nicht, indem die freizügig erzogene Leonore nicht der geringsten Versuchung ausgesetzt ist. Vom Intimbereich Molières her gesehen ist es die poetische Werbung um Armande: «Sieh, so wie Ariste will ich zu dir sein, nicht wie der Dummkopf Sganarelle!»

In *Die Schule der Frauen* ist der zweiundvierzigjährige Junggeselle Arnolphe ein gebildeter Sganarelle, dafür um so unsympathischer. Er hat sich ein kleines Mädchen gekauft, das er bewußt in Unwissenheit aufwachsen ließ, um sie nun zu heiraten und der betrogenen Männerwelt, die er verspottet, zu beweisen: nur eine dumme Frau kann treu sein! Das Lustspiel führt uns nun seinen grandiosen Reinfall vor, mit wenig Handlung und viel Worten. Dennoch haben die Szenen auf der Bühne eine reizvolle Lebendigkeit. Liest man das Stück, bekommt man den Eindruck, als seien die Vorgänge lediglich Vorwand für die Selbstgespräche eines manisch Eifersüchtigen. Aber im fünften Akt gibt es eine Passage, wo aus dem Monstrum plötzlich ein Mensch wird. Arnolphe will sich mit Agnes, nachdem sie ihm entflohen ist und er sie wieder eingefangen hat, versöhnen. Sie sagt, das könne sie nicht. Da bricht es aus ihm heraus:

Du armes, kleines Mündchen kannst es, wenn du willst!
Hör einmal zu, wie ich aus Liebe zu dir seufze.
Sieh diesen Blick – er stirbt. Schau mich doch richtig an!
Was ist der grüne Junge denn mit seiner Liebe?
Mag er ein Zaubernetz auf dich geworfen haben,
du wirst doch hundert Male glücklicher mit mir!
Dein großer Wunsch, dich fein zu kleiden, dich zu schmücken,
das sollst du alles haben, ich versprech es dir.
Ich will dich Tag und Nacht, dich immerfort liebkosen,
dich streicheln, küssen, beißen könnt ich dich!
Tu, was du immer willst und treib, wie dir's gefällt!
Mehr kann ich nicht erklären. Alles ist gesagt.
(Für sich)
Bis wohin kann mich denn die Leidenschaft noch treiben?
(Zu ihr)
Zum Schluß laß mich dir sagen: nichts gleicht meiner Liebe
zu dir, du Undankbare! Aber wie es dir
beweisen, wie? Willst du mich weinen sehen? Soll ich
mich schlagen? Willst du, daß ich mir die Haare einzeln
vom Kopfe reiß? Willst du denn, daß ich mich töte?
Ja, wenn du das willst, sag's! Ich bin bereit dazu,
wenn das, Grausame, meine Liebe dir beweist!

Das sagt nicht Arnolphe zu Agnes – das sagt Jean-Baptiste zu Armande. Als aber im Stück Agnes kühl erwidert:

Schweigt, Eure Reden rühren mich kein bißchen.
Horace, wenn er zwei Worte sagt, erreicht viel mehr! [55]

*Nicolas Boileau.
Stich von J. Daulé*

fällt Arnolphe sofort in seine Rolle als theatralischer Popanz zurück.

Wer den Beitrag des Lebens bei Molière nur als Komponente wertet, gerät leicht in ein abstraktes Analysieren, aus dem vielleicht interessante Hypothesen sich herauskristallisieren lassen. Das Wesen des Dramatikers Molière kann man nur erfassen, wenn man sich klarmacht, daß er so gar kein Erfinder war. Mit größtem Freimut nimmt er Handlungen, Szenen, Figuren, ja einzelne Sätze aus literarischen Vorlagen und baut sich daraus das Gerüst für sein Haus, so wie es ihm paßt. Den Baustoff für die Wände aber knetet er aus dem Lehm, den man das Leben nennt. Mit scharfem Blick beobachtet er eine Umwelt und zeichnet ihre Schwächen auf. Nicht umsonst nennt man ihn «spectateur, peintre». Er ist kein Psychologe. Aber er kennt den Menschen, weil er sich kennt. Das Wunderbare nun ist, daß er die seltene Gabe besitzt, sich zugleich als Objekt und Subjekt zu sehen und aus Selbsterkenntnis Selbstironie zu filtrieren.

Die ersten Monate des Jahres 1663 scheinen noch ungetrübt gewesen zu sein. Die Zeiten seiner Zusammenkünfte mit den Freunden sind zeitlich nicht fixiert. Aber der Kreis wird sich gerade jetzt, wo er Freunde nötig hat, getroffen haben. In Paris haben sich zwei Fronten gebildet: für und gegen die *Schule der Frauen*. Gleich nach der Premiere hat Boileau[56], in jenen Jahren durchaus noch nicht der Literaturpapst seiner Epoche, sondern ein lebensfroher Epikureer, der vom ererbten Geld gut leben kann und bei dem man sich häufig trifft, poetische Schützenhilfe gegeben:

Und wenn dich tausend Neider hämisch tadeln,
mach dir nichts draus, Molière, sie müssen scheitern!
Dein Werk, natürlich, voller Charme und Anmut,
wird auch die fernste Nachwelt noch erheitern.[57]

Es ist keine Saufkumpanei, die sich in der Hinterstube des berühmten Gasthauses «Lothringisches Kreuz» trifft, es ist eine Runde schöpferischer Menschen, deren Geist, vom Wein beflügelt, Einfälle versprüht. Vor einiger Zeit ist ein neuer Adept in den Kreis aufgenommen worden, dem sich Molière besonders wesensverwandt fühlt: Jean de La Fontaine. Daß sie fast gleichaltrig sind, will wenig besagen; aber ihre Denkart, ihr Lebensgefühl, ihr Blickwinkel sind sich erstaunlich gleich. Wir kennen nicht ein Gespräch zwischen ihnen, aber sie müssen einen engen und regen Gedankenaustausch gehabt haben, denn der Einfluß des einen ist in der Produktion des anderen spürbar. Noch betätigt sich La Fontaine zwar mit dem, was ungebildete Leute Pornographie nennen; seine späteren Fabeln jedoch wirken oft wie Minikomödien von Molière. Nur daß La Fontaine manchmal stärker zur bissigen Satire und zu offener Gesellschaftskritik tendiert, während Molière es vorzieht, Camouflage zu treiben.

Die Querelen um *Die Schule der Frauen* beginnen mit einer Kritik von Donneau de Visé[58]. Als ästhetische Literaturkritik genommen eine erstaunlich sachliche Analyse, die alle Schwächen des Stücks aufdeckt. Doch damit begnügt sich der Journalist nicht. Er bezichtigt Molière des Plagiats und zum erstenmal wird der Vorwurf der Irreligiosität erhoben. Die «10 Ehestandsregeln», die Agnes zur Richtschnur dienen sollen, sind ja tatsächlich mittelalterlich.[59] Visé deutet sie bewußt falsch und meint, «wenn er schon wagt, die zehn Gebote zu verunglimpfen, wird er demnächst auch noch die sieben Todsünden verspotten»[60]. (Molière wird es tun – im *Don Juan*!) Zunächst ist seine Antwort ein kleines Salonstück *Die Kritik der Schule der Frauen* (Dialoge zwischen vernünftigen Damen und Herren, die für – und albernen Personen, die dagegen sind). Es ist eine geschickte Verteidigung, mit Witz gewürzt. So nebenbei benützt Molière die Gelegenheit, einiges auszusprechen, was ihm am Herzen liegt, unter anderem seine Meinung über das Publikum. Durchaus nicht alle Höflinge seien Dummköpfe, auch in der Nähe der Majestät gebe es sehr vernünftige Leute, die ein solides Urteil hätten. Doch das nicht-ästhetisierende Publikum ist ihm lieber. Dorante läßt er seine prinzipielle Einstellung sagen:

Hör zu, Marquis und sag es bitte weiter: gesunder Sinn ist an keinen Platz gebunden. Die Differenz zwischen einem halben Louisdor und fünfzehn Sous hat mit Geschmack nicht das geringste zu tun. Ein schlechtes Urteil kann jeder abgeben, ob er steht oder sitzt. Grundsätzlich trau ich dem Parterre mehr zu; die Mischung ist besser, einige wissen sehr wohl die Kunst zu würdigen. Die anderen haben die beste Einstellung: sie lassen das Stück einfach auf sich wirken, ohne blindes Vorurteil, ohne affektiertes Wohlwollen und ohne übertriebene Empfindsamkeit.[61]

Dann spottet er über die berühmten Regeln, an deren peinlichste Einhaltung der Wert eines Dramas gemessen werde, nachdrücklich spricht er sich über die unterschiedlichen Voraussetzungen für das Schreiben einer Tragödie und einer Komödie aus.

Schließlich finde ich es wesentlich leichter, sich an großen Gefühlen hochzuranken, mit Versen sein Glück zu versuchen, das Schicksal an-

*Jean de La Fontaine.
Stich von Dufflos*

zuklagen und den Göttern Ungerechtigkeit vorzuwerfen, als der Lächerlichkeit der Menschen auf die Spur zu kommen und die Menge der ganzen Welt amüsant auf die Bühne zu bringen. Mit Helden könnt ihr umgehen, wie ihr wollt! Ihr braucht euch nur dem Schwung eurer Phantasie zu überlassen, die für das Wunderbare oft die Wahrheit opfert. Aber um Menschen schildern zu können, muß man nach der Natur malen. Man will doch ähnliche Porträts! Und ihr habt nichts erreicht, wenn man in ihnen nicht eure Zeitgenossen erkennt! Mit einem Wort: Bei ernsten Stücken genügt es, ohne sich im geringsten zu blamieren, hochbedeutende Dinge gut zu formulieren; für unsereins reicht das nicht aus. Wir müssen erheitern, und das ist eine vertrackte Sache, Leute von Geschmack zum Lachen zu bringen.*[62]

Immer wieder gibt es Abhaltungen. Auch das fünfte Kind der Marquise muß er aus der Taufe heben, Urkunden sind zu unterzeichnen. Schließlich fällt ihm ein, daß er sich für die 1000 Livres jährliche Pension[63], die er am 3. April 1663 als «Ausgezeichneter komischer Dichter» erhielt, noch nicht bedankt hat. Poet, der er ist, tut er es lyrisch. Der amüsante *Dank an den König* ist eine geschickte Mischung aus Ironie, dezenter Schmeichelei und Selbstbewußtsein. Der «lächerliche Marquis», seine Lieblings-Spottfigur, gewinnt hier ein neues Profil. Man merkt dem Gedicht an: es ist in einer heiteren Stimmung geschrieben, Molière fühlt sich der Gunst des Königs sicher, sonst hätte er bestimmt nicht gewagt, so satirisch zu werden.

Deine Faulheit wird mir unerträglich, / meine Muse! Los! Gehorche endlich! / Heute morgen gehst du zum Lever des Königs / und du weißt nur zu genau, warum. / Es ist ein Skandal, daß du dich noch nicht / für die vielen Wohltaten bedankt hast! / Aber besser spät als gar nicht. Also / zahle deine Schulden und begib dich / flugs zum Louvre, mache deinen Kratzfuß! / Doch dort zeig dich, Muse, wohlgefällig, / da wo ernste Miene falsch am Platze wäre / was man dich wohl merken ließe, denn / hier hat Geltung nur, was augenfällig. / Leichter wirst du dich beliebter machen, / wenn du als Marquis dich ausstaffierst / und du weißt, dazu ist nicht viel nötig, / um ein leidlicher Marquis zu scheinen. / Pflanz dir einen Hut auf, überplundert / stolz mit dreißig Federn, über einer / teuren Prachtperücke, riesengroßen / Spitzenkragen, winzig kleinen Wämschen! / Doch vor allem einen Umhang mit viel / Bändern, die im Rücken aufwärts flattern. / So – ein Gipfel der Galanterie – / wandelst du wie einer von den ihren, / mitten in den Kreis der höchsten Kreise. / Blick dich patzig um nach allen Seiten, / und, mit deinen glänzenden Gewändern, / deinem Aufputz ohnegleichen, gehst du / (nur vergiß nicht, dir dein Haar zu kämmen) / ohne weiteres durch den Saal der Garden. / Sollte etwa einer sich mokieren, / ruf mit lauter Stimme ihn beim Namen, / wessen Ranges er auch immer sein mag! / Glaub mir, solche Plumpvertraulichkeiten / geben jedem einen Hauch von Adel. / Poche leise mit dem Klopfer an die / Tür des Audienzgemachs. Noch besser / (da dort das Gedränge viel zu groß ist) / schwenk den Hut und steig auf einen Sockel, / daß man deine Nase deutlich sieht, / schreie pausenlos im schrillsten Tone: / «Herr Türhüter! Hier! Ich bin's! Marquis von / Soundso!» Dann stürz dich in den Strudel / teil die Menge der Notabeln, brauche / deine Ellenbogen, keineswegs behutsam! / Presse, stoße, rase wie der Teufel, / dir die erste Stelle zu ergattern. / Sollte gar der Türhüter sich etwa / deinem Vorwärtsdrängen widersetzen / hast du dafür doch Gelegenheit, / einen anderen Marquis zurückzustoßen. / Laß nicht locker, halt dich fest am Engpaß, / daß nur ja kein anderer hineinströmt. / So erzwingst du schließlich deinen Eintritt, / denn man muß ja irgendwen empfangen. / Bist du drin, dann heißt es nicht erschlaffen, / Schritt für Schritt gilt's, dir Terrain erkämpfen! / Rücksichtslos den Sessel zu umzingeln, / anderen Belagern vorzukommen, / um der ersten einer dort zu sein, / die mit letztem Atem Vortritt sich ergattern. / Glückt das nicht, so muß es dir gelingen, / im Vorübergehn IHN zu erhaschen. / Und bestimmt erkennt er, trotz deiner Verkleidung / deine unvergleichliche Visage. / Das ist der Moment, um loszureden, / unverzüglich preise, übertreibe, / nur dein Hochgefühl, das dich zersprengt fast / über all die unverdiente Wohltat, / deren du doch gar nicht würdig, / nicht der milden Hand, die so freizügig / über dich ihr Füllhorn schüttet, sag ihm, / mit erneuten Kräften wirst du / dich der Riesenehre würdig zeigen, / sag ihm, deine Wünsche kennen nichts mehr / als nur seinen Ruhm noch, sein Vergnügen! / Deine ganze Kunst ... schlaflose Nächte / und noch Wunder was kannst du versprechen; / wie die Musen so auf dem Gebiete / leichtsinnig die größten Worte machen, / wird's wie deinen schwatzensfrohen Schwestern / dir auch flüssig von der Zunge gehen. / Doch die großen Fürsten, fürcht ich / ziehen kurze Komplimente vor. / Und gar unser

Der Herzog von Feuillade

Herr hat mehr zu tun, / als sich deinen Unsinn anzuhören, / Schmeichelei und Weihrauch sind ihm über, / und wie weit du auch den Schnabel aufreißt – / er weiß ganz genau, wo dich der Schuh drückt. / Und mit einer Miene, einem Lächeln, / dessen Wirkung niemand sich entzieh'n kann, / schnellt vorüber er als wie ein Pfeil. / Das genügt. Was willst du, Muse, mehr? / Hast dein Kompliment gemacht und damit gut.[64]

Wie alle Anekdoten wird auch die Affäre mit dem Herzog von Feuillade verschieden erzählt. Passiert ist sie. Der arrogante Aristokrat, in dem Wahn, er sei das Vorbild des «lächerlichen Marquis», tut, als er Molière irgendwo begegnet, als wolle er ihn umarmen. Statt dessen faßt er den Dichter beim Schopf und reibt dessen Gesicht an den Metallknöpfen seiner Uniform blutig. Eine Ungeheuerlichkeit, die für den hohen Herrn keine ernsten Folgen hat.

Das Attentat wird nicht nur Stadtgespräch. Im Juni erscheint das dramatisierte Pamphlet «Zelinde oder die wahre Kritik der Schule der Frauen», in dem Donneau de Visé sich nicht entblödet, den Wunsch zu äußern, das Beispiel des Herzogs möge Schule machen. Im übrigen werden die Vorwürfe der Unmoral und der Gottlosigkeit wiederholt. Auf die Dauer ärgerlicher für Molière ist, daß de Visé ihn in einem Anagramm «Elomire» nennt, ein Spitzname, der an ihm hängen bleiben wird. Im Oktober spielt das Hôtel de Bourgogne das Stück eines unbekannten jungen Mannes namens Boursault: «Das Porträt des Malers», das nur leicht verschlüsselte Anspielungen auf Molières unerquickliches Privatleben enthält. Molière soll eine Aufführung besucht, über seine persiflierte Figur gelacht und geäußert haben: «Ausgezeichnet! In acht Tagen habt ihr meine Antwort!» Das mag Legende sein. Hingegen stimmt, daß Ludwig XIV., dem das Literatengezänk einen Mordsspaß machte, ihn zu einer Revanche ermuntert hat. Sie erfolgt am 18. (oder 19.) Oktober als angebliches Stegreifspiel, das Molière nach dem Ort der Handlung *Impromptu de Versailles* nennt. Es wird ein Meisterwerk, unvergleichbar mit seiner sonstigen Produktion, ein Unikum in der dramatischen Weltliteratur.

SPIEGELBILD EINES SPIEGELS

> «Ein Impromptu, an dem er schon ein paar
> Tage zuvor in müßigen Stunden gearbeitet
> hat.» Lichtenberg

Die dramatisierte Selbstdarstellung *Das Stegreifspiel von Versailles* ist, nach Julius Bab, «das Lebendigste und Geistreichste, was Molière überhaupt geschrieben hat». Von Stanislawski und anderen Theaterleuten hochgerühmt, zeigt es den weiten Spielraum der Molièreschen Existenz als Privatissimum und hat nur einen großen Fehler: es ist nicht voll ohne seine Entstehungsgeschichte zu würdigen und die Kenntnis der aktuellen Situation im Pariser Theaterjahr 1663.

Es beginnt mit einer kleinen Kulissenrevolte, indem die Mitglieder des Ensembles in der Garderobe einen Sitzstreik veranstalten. Molière, allein auf der Bühne, kommandiert sie auf die Szene und bricht in den klassischen Ruf aus: *Lieber wilde Tiere führen als Komödianten!* Die Schauspieler beklagen sich, daß die Zeit zum Lernen ihrer Rollen zu kurz war. Armande, als Frau Direktorin, nimmt sich heraus, ihrem Mann den ironischen Vorschlag zu machen, er hätte besser eine Komödie geschrieben, in der er sämtliche Rollen allein spiele. Ärgerlich antwortet er: *Seien Sie still, Mademoiselle de Molière*[65]*, Sie sind ein Biest!* Er legt ihr also in den Mund, daß sie ihn durchschaut hat und er im Grunde stets von Zettels Wunsch beseelt ist: «Laßt mich den Löwen auch spielen!»[66] Die kleine eheliche Plänkelei geht weiter:

Mademoiselle Molière: *Schönsten Dank, mein Herr Gemahl! Ja, so ist das, in der Ehe ändern sich die Männer! Vor achtzehn Monaten hätte er mir das noch nicht gesagt.*
Molière: *Bitte, halt' den Mund, ja?*

Mademoiselle Molière: *Erstaunlich, wie so eine kleine Zeremonie imstande ist, alle unsere guten Eigenschaften in den Wind zu blasen! Und wie Gatte und Liebhaber dieselbe Person doch mit sehr verschiedenen Augen betrachten!*
Molière: *Was soll denn das?*
Mademoiselle Molière: *Also ich, wenn ich eine Komödie schriebe, dann über das Thema! Ich würde die Frauen von so allerlei, was man ihnen vorwirft, freisprechen, aber den Ehemännern Angst einjagen, indem ich ihnen vor Augen führe, wie brutal sie wirken gegen die galante Lebensart der Freier.*

Jetzt wird Molière (in seiner Rolle) wütend und fährt sie an: *Ja, ja, aber das steht im Moment nicht zur Debatte. Wir haben jetzt andere Sorgen.*

Diese kleine Episode ist ein Meisterwerk raffinierter Diplomatie. Da ganz Paris von dem Ehestreit der beiden weiß, führt er ihn ungeniert

Szene aus dem «Stegreifstück von Versailles»

Edme de Boursault

vor und nimmt seinen Gegnern den Wind aus den Segeln, indem er die Zwistigkeiten zwischen sich und seiner Frau bagatellisiert: seht, so harmlos ist das, wenn wir uns in die Haare kriegen.

Die komplizierte Fiktion des Stücks ist: Die Komödianten probieren ein angebliches Stegreifspiel, das sie agieren sollen, sobald der König erscheint. Faktisch erlebt der König aber mit seinem Hofstaat diese Probe (und die Vorgänge vorher) bereits als Zuschauer eben dieses Spiels, das im Moment auf der Bühne genau mit dem Sekundenzeiger der Uhr abläuft.

Als Madeleine Béjart nun einwendet, Molière habe sich für die Einstudierung des geplanten Stegreifspiels eine längere Frist ausbedingen sollen, antwortet er: *Gibt es ein Mittel, wenn ein König befiehlt?* Und fährt fort: *Könige lieben nichts als unbedingten Gehorsam und schätzen es gar nicht, auf Widerstand zu stoßen... Auf uns dürfen wir da keinerlei Rücksicht nehmen. W i r   s i n d   n u r   d a ,   u m   s i e   z u   a m ü s i e r e n.* So sagt Molière, durch sich selbst als Bühnenfigur, dem Monarchen seine Meinung. Als nächstes läßt er sich durch Madeleine seine Einzigartigkeit als Komiker bestätigen, wogegen es leicht sei, die großen Mimen nachzuahmen. Und wenn er schon den Befehl habe, die Kritik gegen ihn als Thema zu behandeln (dreimal weist er auf die königliche Order hin!), so möge er das doch endlich tun. Welche Gelegenheit für Molière, um, wie es im Bühnenjargon heißt, «seinem Affen Zucker zu geben!». Er parodiert die großen Kollegen, vor allem den fetten Montfleury, dem Königsdarsteller vom Hôtel de Bourgogne. Wieviel Spaß diese Karikaturen auch ihm, seinem Publikum, vor allem aber dem König bereitet haben mögen – Molière geht es um mehr: er möchte durch die lächerliche Übertreibung deutlich vorführen, wie unmöglich dieser pathetische Darstellungsstil ihm überhaupt erscheint. Doch niemand versteht ihn. Man muß viel zu sehr über ihn lachen, um seine Absicht überhaupt zu erkennen, geschweige denn ernst zu nehmen.

*Armande Béjart, gen. Mademoiselle Molière.
Radierung nach einer zeitgenössischen Zeichnung*

Nach dem kabarettistischen Zwischenspiel beginnt die Probe. Molière erklärt La Grange, wie er einen albernen Marquis spielen soll. Schon unterbricht Armande abermals, indem sie mokant einwirft: *Immer Marquis!* Was Molière die Möglichkeit gibt, zu erklären, daß eben jetzt, wie früher der Hanswurst, ein lächerlicher Marquis integraler Bestandteil jeder Komödie sein müsse.

Das Stück handwerklicher Theaterarbeit, das er uns nun vorführt, hat doppelten Boden. Wieder publiziert er Privates. Unter dem Vorwand von Regieanweisungen nimmt er den Klatsch von Paris über die weiblichen Mitglieder seiner Truppe auf und sagt ihnen (als Spielleiter), was man über sie redet (vielleicht sogar, was er selber über sie denkt, wer kann das wissen?). Zu Madeleine: *Sie gehören zu den Frauenzimmern, die glauben, alles sei ihnen erlaubt, seit sie sich nicht mehr mit Liebe abgeben. Die vom Schutzwall ihrer Prüderie auf alle anderen herabsehen, die sich einbilden, alle guten Eigenschaften anderer Leute seien ein Dreck gegen Ihre armselige Ehrbarkeit, die keinen Menschen kümmert.* Ein starkes Stück, wenn der Exliebhaber seiner jetzigen Schwiegermutter, bzw. Schwägerin, so etwas coram publico sagt – und alles im Vexierspiegel der Komödie.

Zur de Brie, seiner mehr oder weniger heimlichen Leib- und Seelentrösterin: *Sie stellen eine von den Damen dar, die da glauben, die Tugend gepachtet zu haben, weil sie stets den Schein wahren; die meinen, die Sünde beginne erst mit einem Skandal. Sie sind überzeugt, daß Ihre süßen Affären höchst anständig sind, da Sie ja «Freund» nennen, was bei anderen «Liebhaber» heißt.* – Zu Mademoiselle du Croisy: *Nun aber Sie! Sie repräsentieren eine Person, die aller Welt die Liebenswürdigkeit erweist, mit ihrer Zunge Gift zu verspritzen, bloß so im Vorübergehen. Nur mit dem größten Widerwillen würden Sie gestatten, daß jemals jemand über jemand etwas Gutes sagt.* Und boshaft fügt er hinzu: *Ich glaube, die Rolle wird Ihnen liegen!* Als nach seiner ernsten Mahnung: *Ich habe Euch Eure Charaktere erklärt in der Hoffnung, daß Ihr sie geistig erfaßt!* die Probe endlich starten soll, wird sie durch eine urkomische Szene mit einem «Lästigen» noch einmal unterbrochen. Dann ist es soweit. Molière spielt nun einen von zwei lächerlichen Marquis, die sich streiten, wer von ihnen in der *Kritik der Schule der Frauen* karikiert worden sei. Jeder meint: der andere! Sie wetten und Brécourt, ein vernünftiger Hofmann (auch unter seinem Namen auftretend), soll entscheiden. Mit diesem «honnête homme» als Sprachrohr verteidigt sich Molière gegen die ständigen Vorwürfe, er habe mit seinen Bühnengestalten bestimmte Pariser Persönlichkeiten lächerlich machen wollen. Er schreibe Rollen, dichte Theaterfiguren, reine Phantasiegestalten.

Wenn es die Aufgabe der Komödie ist, alle menschlichen Schwächen aufzuzeigen und besonders die unseres Jahrhunderts, dann kann man es Molière nicht verübeln, wenn er Menschen auf die Bühne stellt, denen man auch auf der Straße begegnen könnte. Und wer ihm vorwirft, er habe die Fehler seiner Figuren erfunden, wird ihn noch dazu bringen, daß er schließlich gar keine Komödien mehr schreibt.

Jetzt verschachteln sich Text und Spiel dermaßen, daß man dreimal nachdenken muß, um die sich verdoppelnde Transparenz zu erkennen.

Als Brécourt (in seiner Rolle als Hofmann) den Dichter Molière gegen (den als seinen Partner auf der Bühne stehenden) Molière, der aber jetzt nicht Molière ist, sondern einen lächerlichen Marquis spielt, der sich über Molière mokiert, verteidigt – dem Autor Molière jedoch der Text (den der Schauspieler Brécourt vorgeblich improvisiert) ungenügend erscheint, unterbricht der Regisseur Molière (aus seiner Rolle als Marquis fallend) die Probe, um, jetzt, Dichter und Spielleiter zugleich, dem Akteur Brécourt vorzusagen, wie der Part auszuführen sei. Hier ist jedes Wort genau überlegt, gezielt formuliert und präzise pointiert, soll aber als aus dem Stegreif gesprochen hingenommen werden: das ist Theater hoch drei, ist mehrfache Spiegelreflexion.

Nach einer karikierenden Szene mit den Damen nimmt Molière direkt zu den aktuellen Streitfragen Stellung. Bissig wischt er «Das Por-

Montfleury, der Königsdarsteller

trät des Malers» und seinen obskuren Autor Boursault [67] vom Tisch. Dann läßt er die Katze aus dem Sack: er wirft seinen Kollegen von den Konkurrenzbühnen vor, daß es ihnen um nichts als Geld gehe und sie nur über seine größeren Erfolge verärgert seien. *Mögen sie machen, was sie wollen, mich kratzt es nicht. Sie verreißen meine Stücke – um so besser! Gott behüte mich, daß ich jemals etwas schreibe, was ihnen gefällt. Das wäre ein schlechtes Geschäft für mich!* Von ihm aus könnten sie ihn auch so oft kopieren, wie sie wollten. Ja, er wäre froh, wenn das den Leuten Spaß mache ... Aber es gebe Grenzen, es gebe Dinge, die einfach nicht zum Lachen sind, weder für das Publikum noch für den Betroffenen.

Und hier stolpert der sprachgewandte Meister über die Syntax: er bittet, wenn er seinen Gegnern schon alles zugestehe, ihm *den Rest* (?) zu lassen *et de ne point toucher à des matières de la nature de celles sur lesquelles on m'a dit qu'ils m'attaquaient dans leurs comédies.* Wie soll man das übersetzen? Arthur Luther gelingt es durchaus sinngemäß: *... und nicht an gewisse Dinge zu rühren, um derentwillen sie mich,* *wie man mir sagt, in ihren Komödien auch angreifen.* Und doch fehlt in dem klareren deutschen Satz die gewundene Verlegenheit Molières, mit der er, ziemlich verzweifelt, höflich ersucht, «doch um Gottes willen nicht an die Peinlichkeit seiner Privatissima zu rühren. Er ist machtlos, weil es in der Tat so ist, wie seine Gegner klatschen und maulen.»[68]

Mit seiner Antwort ist das Stück aus, es muß nur noch ein Ende haben. Der Dramaturg Molière macht es spannend. Im Spiel erscheint jetzt (hinter den Kulissen) der König (der im Saal sitzt und sich amüsiert) und das angekündigte Stegreifspiel soll beginnen. Die Damen, die vor Lampenfieber sterben und sich zu spielen weigern und die Hofschranzen, die immerfort mahnend erscheinen, bringen Molière mit ihrem ewigen *Herrschaften, fangen Sie endlich an!* zur Verzweiflung. Da rettet ihn – das nun wieder eine geschickte Schmeichelei – die Sonne der Majestät vor einer Katastrophe. Der König habe eingesehen, daß für die Einstudierung eines neuen Stücks die Zeit zu knapp war und sei zufrieden, wenn die Komödianten jetzt etwas aus ihrem Repertoire spielen. Dankovation und aus!

Dieser oft unterschätzte Einakter ist das erste realistische Schauspielerstück in der europäischen Theatergeschichte. Und wie der Dichter

Die Konkurrenz im Hôtel de Bourgogne

hier, Illusionen verquickend, mit sich selber Spiel im Spiele treibt, das grenzt an das, was Schiller meint, wenn er schreibt: «Denn der Mensch spielt nur, wo er in voller Bedeutung Mensch ist – und er ist nur dort ganz Mensch, wo er spielt.»

Der Erfolg des *Impromptu* in Paris ist groß. Nach zwanzig Vorstellungen läßt Molière es absetzen. Es hat seinen Zweck erfüllt. Er hält es, als Gelegenheitsarbeit, auch nicht für wert, gedruckt zu werden.

Die Gegner ruhen nicht. Im November erscheint «Die Rache des Marquis» von de Visé, mit den üblichen Vorwürfen: Plagiat, Gotteslästerung, Possenreißerei – und noch einige unbedeutende Zänkereien für und wider. Nachhutgefechte, die Philipp de la Croix mit einem Vierzeiler glossiert: «Ob du Krieg machst oder Liebe / ob du schläfst: zu jeder Stunde / siehst du Dichter, Komödianten / sich zerfetzen wie die Hunde.» Doch bald ist das Manövergeplänkel aus und es wird scharf geschossen.

DAS RÄTSEL ARMANDE

«Ein Weib zu lieben, das uns
Zweifel macht.» Nietzsche

Der Sohn des von Molière parodierten Montfleury nimmt für seinen Vater Rache und schildert den Schauspieler Molière, ausgerechnet in der heroischen Rolle des «Caesar» in der ihn Mignard idealisierend porträtiert hat, boshaft, aber (wie Zeitgenossen bestätigen) sehr treffend:

«So tritt er auf, ganz er! Die Nase hoch, / mit Knobelbeinen, eingezogenen Schultern, / quer die Perücke wie ein Vorgebirge, / lorbeerbehangen wie ein Mainzer Schinken, / grimassenschneidend, Hände in den Hüften, / sagt starren Blicks er seine Rolle auf, / und trennt fast jedes Wort mit einem Schluchzen.»[69]

Das ist hart, aber nichts gegen den Tiefschlag, zu dem Vater Montfleury ausholt: er zeigt Jean-Baptiste Poquelin, genannt de Molière, bei der Polizei an: «... er habe seine eigene Tochter geheiratet und ‹autrefois› mit der Mutter geschlafen.»[70] Und diese Beschuldigung wird zu einem Zeitpunkt erhoben, in dem Armande kurz vor ihrer ersten Entbindung steht!

Die Inzestanklage wird niedergeschlagen. Man hat ein Dokument aufgetrieben und dem Hofamt vorgelegt, aus dem hervorgeht, daß Armande die Tochter von Marie Béjart, geborene Hervé, demnach Madeleines Schwester ist. Es handelt sich (da Vater Béjart nur Schulden hinterlassen hat) um den Erbverzicht der Witwe Béjart aus dem Jahre 1643.[71] Darin sind ihre Kinder aufgezählt, unter anderem «eine kleine noch nicht Getaufte». Zur großen Enttäuschung seiner Feinde und zur Überraschung aller geruhen Ludwig XIV. und Henriette von England, bei Molières Erstgeborenem (der natürlich, dem König zu Ehren, Louis getauft wird) die Patenschaft zu übernehmen. Damit ist die leidige Sache offiziell aus der Welt.

*Molière als Julius Caesar in «Tod des Pompejus» von Corneille.
Gemälde von Pierre Mignard*

Aber nicht aus der Nachwelt. Der Erbverzicht weist nämlich einen Schönheitsfehler auf: Joseph, der 1643 bereits 26 Jahre alt war, und Madeleine, die bereits mit achtzehn für volljährig erklärt wurde, um ein Haus kaufen zu können, werden als minorenn angegeben. Außerdem müßte Mutter Hervé zur Zeit der Geburt zwischen 48 und 52 Jahre alt gewesen sein. Nicht unmöglich, aber unwahrscheinlich, daß sie nach dem Tod ihres Mannes noch ein elftes Kind geboren hat. Aber wieso wird im Ehekontrakt von 1662 Armandes Alter mit «ungefähr 20 Jahren» angegeben? Wozu überhaupt die sonst nicht übliche Altersangabe der Braut? Und sollte eine Mutter wirklich nach zwanzig Jahren schon

*Armande Béjart.
Anonymes Gemälde. 17. Jh.*

nicht mehr wissen, an welchem Tag sie ihr letztes Kind zur Welt brachte? Und wieso ist es, wie sonst Sitte bei der damaligen Kindersterblichkeit, nicht gleich nach der Geburt getauft worden? Und woher hat die verarmte Witwe Béjart 1662 die 10 000 Livres, die sie ihrer «Tochter» Armande als Morgengabe überreicht? Und warum hat später Madeleine ihre «Schwester» Armande zur Universalerbin eingesetzt und ihre anderen Geschwister mit geringfügigen Dotationen abgespeist? Und schließlich: warum haben nicht nur Molières Feinde, sondern seine Kollegen und besten Freunde Armande für Madeleines Tochter gehalten? Die meisten Molièristen aber glauben dem fragwürdigen Dokument mehr als den Zeitgenossen des Dichters. Die Frage nach der Vaterschaft wird am besten ganz umgangen, da sie ja ohnehin nicht eindeutig zu klären ist. Graf Modène scheidet höchstwahrscheinlich aus.[72] Madeleine hat seit 1643 mit Molière in wilder Ehe gelebt. Wann hat ihr Verhältnis angefangen? War da Armande schon geboren? Mit einer an Sicherheit grenzenden Wahrscheinlichkeit hat Madeleine zwischen ihrem 20. und 25. Lebensjahr mehrere Liebhaber gehabt.

Es liegt eine besondere Ironie darin, wie die doch sonst in Sexualdingen so freizügigen Franzosen plötzlich prüde werden, wenn sie auf das «Rätsel Armande», wie sie es nennen, zu sprechen kommen. Am geschicktesten zieht sich Jean Anouilh aus der Affäre. In seinem, zu einem anekdotisierenden Bilderbogenstück umgearbeiteten Filmskript «Mademoiselle de Molière» läßt er den Dichter Armande für Madeleines Schwester halten. Als er der Geliebten seine Heiratsabsichten auf die Kleine kundtut, «faßt sich Madeleine an den Kopf und stöhnt: ‹Wenn du wüßtest ... wenn du wüßtest ...› Molière: ‹Ich weiß, Madeleine.› Madeleine: ‹Nein, du weißt noch lange nicht alles. Du wirst es nie verstehen.›»[73] – Damit ist alles und nichts gesagt und jede Vermutung offen gelassen; sogar die, daß Madeleine selbst nicht ganz genau wußte, wer der Erzeuger ihres zweiten Kindes war. Hony soit qui mal y pense.

Dabei hat die Frage nach Armandes Herkunft allenfalls historisches Interesse. Für Werkanalysen ist sie ohne Belang; um so mehr muß uns das lebendige Wesen Armande interessieren, wenn wir Existenz und Schaffen Molières verstehen wollen.

Am 19. Januar 1664 ist er jedenfalls glücklich mit ihr und über sie: ein Sohn ist geboren. Am 28. Februar findet die feierliche Taufe in der Kirche Saint-Germain-l'Auxerrois statt, bei der der Herzog von Crequi den König und die Marschallin von Choiseul Henriette von England repräsentieren. Tags darauf Festvorstellung von Molières neuem Lustspiel: *Die erzwungene Heirat* im Louvre vor dem Hof. Im Palais Royal hat die Farce nicht den gewünschten Erfolg. Die Einnahmen decken die Unkosten nicht, nach zwölf Vorstellungen verschwindet sie vom Spielplan. Auch sonst gibt es Ärger. Brécourt verläßt, aus gekränkter Autoreneitelkeit, die Truppe und geht zum Hôtel de Bourgogne über. Molière hat die Farce «Le grand Benêt de fils» von ihm gespielt, aber neun Aufführungen sind dem Dichter nicht genug. Für ihn wird Hubert engagiert, der später wie La Grange ein Register über die Einnahmen anlegen wird.

DAS FEST DES JAHRHUNDERTS

> «Wenn die einen genießen wollen, ohne zu arbeiten, so werden andere arbeiten müssen, ohne zu genießen.» Kant

Ende April schließen alle Pariser Theater. Sämtliche Komödianten sind voll beschäftigt mit den Vorbereitungen für «das Fest des Jahrhunderts» in Versailles. «Die Vergnügungen der verzauberten Insel» sollen, nach dem Wunsch des Monarchen, alles in den Schatten stellen, was es bisher an theatralischen und zirzensischen Lustbarkeiten gab. Kosten spielen keine Rolle. Daß unter 20 Millionen Franzosen über zwei Millionen Bettler sind, daß ein Landarbeiter an einem Achtzehn-Stunden-Tag 50 Sous verdient, die Getreidepreise unerschwinglich sind, das Familieneinkommen der unteren Klassen zwischen 80 und 400 Livres pro Jahr beträgt, die Hälfte aller Felder brach liegen, weil die Bestellung der immensen Steuern wegen nicht lohnt – was kümmert das den Sonnenkönig, der die Welt mit noch nie dagewesener Prunkentfaltung in Erstaunen setzen will? Tatsächlich hat das Fest, dem noch viele folgen werden, außer dem Privatvergnügen für ihn auch eine politische Aufgabe und wird seinen Zweck erfüllen: die Fama von den Versailler Festen trägt mit dazu bei, daß bald alle Fürsten Europas, ob groß oder klein, zu Affen Ludwigs werden und seinen Lebensstil nachahmen. Versailles wird zu einem Zauberwort. Noch für Ludwig II. von Bayern war Versailles das Traumschloß, dieses Versailles mit seinen Spiegelsälen und Bildergalerien, in dem es aber kein Badezimmer und nicht ein einziges Klosett gab. Versailles: das Symbol des «großen Jahrhunderts», ein prahlerisches Prachtgebäude voller Gestank. «Ein Siechenhaus, in dem eine dem Untergang geweihte Familie sich über ihr Schicksal in prunkvollsten Lustbarkeiten hinwegtäuscht.»[74] Die «societé polie» (die ga-

Szene aus «Heirat wider Willen», Molière mit Armande.
Postume Zeichnung von Gillot

Der König (Mitte), die Königinmutter und der Herzog von Anjou.
Stich, 1658

Armande als Prinzessin von Elis

lante Gesellschaft) besaß noch nicht das geringste Sozialempfinden. Auch dem Theatermann Molière, der wie jeder Mensch dem Zeitgeist unterworfen ist, kann es nicht in den Sinn kommen, daß er als Arrangeur dieser königlichen Vergnügungen sich zum Handlanger einer unverantwortlichen Verschwendungssucht auf Kosten eines ausgeplünderten Volkes macht.

In diesen Tagen hat Jean-Baptiste überhaupt keine Zeit, über irgend etwas nachzudenken. In dem Rahmenspiel um Ariosts «Der rasende Roland», mit Ritterspielen, antiken und exotischen Umzügen, Spektakeln mit Brillantfeuerwerk, müssen er und seine Truppe mitwirken. Ihre Partner: Seine Majestät, Prinzen und der gesamte Feudaladel. Könige und Komödianten agieren Komödianten und Könige: eine phantastische Welt ohne Wirklichkeit.

Brillantfeuerwerk in Versailles. Kolorierter Stich von Israel Silvestre

Im Mittelpunkt der theatralischen Aufführungen steht Molière mit drei eigenen Produktionen. Nach der Wiederholung des Lustspiels *Die Lästigen* folgt die Uraufführung der für dieses Fest bestellten «galanten Komödie mit Musik und Ballett»: *Die Prinzessin von Elis*. Hastig geschrieben, ist der Text mißlungen.[75] Die Aufführung muß glänzend gewesen sein, vor allem ist alles von Armande in der Titelfigur entzückt. Hier in Versailles erlebt sie einen Triumph als Schauspielerin und als Frau, worunter allerdings die Gattin zu kurz kommt und der Gatte zu leiden hat. Die Chronique scandaleuse will wissen, daß sie, vielleicht vom allgemeinen Festrausch überwältigt, den Verführungskünsten des Herzogs von Guiche erlegen sei. Der Park von Versailles hat viele verlockende Hecken.

Und Molière ist zu sehr mit den Proben für sein neues Lustspiel beschäftigt, von dem er sich Großes erhofft. Er erlebt die Freude, daß der König herzlich lacht und mit ihm die Jugend des Hofes. Der *Heuchler* scheint also ein voller Erfolg zu werden. Am nächsten Tag fällt der Dichter aus allen Wolken, als die Wiederholung des Stücks nicht stattfinden darf, die öffentliche Aufführung überhaupt verboten wird. Mutmaßlich war dieser «Urtartuffe» in drei Akten schärfer als die Endfassung; man nimmt an, daß der fromme Bürger Orgon tatsächlich zum Opfer des Betrügers wurde, der am Schluß triumphiert. Eine solche Herausforderung: «Seht her, man braucht bloß den Frommen zu markieren, dann kann man alle Frommen in die Tasche stecken», kann die Kirche natürlich nicht widerstandslos hinnehmen.

Molière ist fassungslos. Ludwig, der sonst immer zu ihm gehalten hat, verbietet das Stück, das ihm so gut gefiel! Der Dichter kann natürlich nicht wissen, in welcher Klemme der König steckt. Schon länger, von Mutter und Schwägerin angestachelt, machen ihm die Pfaffen die Hölle heiß wegen seines «Lebenswandels». Seine so offen zur Schau getragene Leidenschaft für seine Mätresse, die schöne Mademoiselle de La Vallière, ist ihnen ein Dorn im Auge. Man droht Ludwig mit dem Kirchenbann. Erzbischof Péréfixe ist aber bereit, ein Auge über die außerehelichen Eskapaden seines Herrn zuzudrücken, wenn er «dieses der Religion feindliche Stück von höchster Gefährlichkeit» weiterhin verbietet. Kein Wunder, daß der verliebte Ludwig auf diesen Kuhhandel eingeht; seine Geliebte liegt ihm schließlich näher. Soll er sich eines lächerlichen Stückeschreibers wegen um sein Vergnügen bringen lassen?

Für den Theaterdirektor Molière ist das Verbot hart. Ihm fehlt ein Zugstück. Zwar kann das Erstlingswerk eines jungen Dichters, der seit einiger Zeit zum Freundeskreis gehört und den Molière zum Schreiben ermuntert, ihm wohl auch mit dramaturgischen Ratschlägen geholfen hat, «Thebaide» von Jean Racine, vierzehnmal gespielt werden. Aber erst ab November sorgt *Die Prinzessin von Elis* für den Ausgleich des Jahresetats mit 23 gut verkauften Häusern. Molière selbst ist ein begehrter Mann, alles flüstert vom *Tartuffe*. Es wird Mode, sich diesen Skandalautor ins Haus zu laden. Es ist nicht klar, welche Fassung Molière gespielt oder rezitiert hat: jedenfalls finden, auch in den nächsten Jahren, viele geschlossene Veranstaltungen in Schlössern und Palästen statt. (Die ältere Generation wird sich erinnern, welches «Vergnügen» Lesungen verbotener Literatur im Dritten Reich bereiteten!) Mögen diese privaten Vorführungen auch eine Genugtuung für Molière gewesen sein, er will sich damit nicht begnügen. Im August verfaßt er eine Bittschrift um Freigabe des Stücks an den König.

Sire! Die Pflicht der Komödie ist, die Menschen zu bessern, indem man sie amüsiert. Ich habe in der Stellung, in der ich mich befinde, geglaubt, nichts Besseres tun zu können, als die Laster meines Jahrhunderts in lächerlichen Bildern darzustellen. Ohne Zweifel ist die Heuchelei eines der verbreitetsten, gefährlichsten und übelsten. Ich wähnte also, den ehrlichen Leuten Ihres Königreichs keinen kleinen Dienst zu erweisen, wenn ich eine Komödie verfaßte, um die Heuchler zu entlarven.
– Er versichert, er habe alles so dargestellt, daß kein ehrlicher Frommer mit einem ausgesprochenen Heuchler verwechselt werden könne. Dann

Hardouin de Péréfixe, Erzbischof von Paris

kommt eine raffinierte Wendung, die wie ein Augenzwinkern wirkt: *Obgleich die Unterdrückung des Werkes ein empfindlicher Schlag für mich war, wurde mein Unglück doch gemildert durch die Art, wie Ew. Majestät sich zu der Sache äußerten. Ich glaubte, kein Mißfallen zu erregen, da Sie, Sire, die Güte hatten, zu erklären, daß Sie an der Komödie nichts (Anstößiges) fänden, die Sie mir öffentlich aufzuführen verboten haben.* Er beklagt sich über die ungerechten Angriffe und Beleidigungen, über Rufmord von allen Seiten. Er wagt, dem König vorzuschlagen: eine öffentliche Aufführung werde den Beweis erbringen, *daß meine Komödie nichts enthält, von dem, was man aus ihr herauslesen will*[76]. Aber alle guten Worte helfen nichts. Das Verbot bleibt bestehen.

DIE GROSSE CAMOUFLAGE

«Obgleich die Welt voller Narren ist,
von sich selber denkt keiner, daß er es sei –
er argwöhnt es nicht einmal.
Dabei sind sogar unter den Menschen
oft die Riesen recht eigentlich Zwerge. –
Die große Kunst
besteht darin, Luft zu verkaufen.» Gracian

Einen Tag nach der umjubelten Premiere der *Prinzessin Elis* im Palais Royal steht das Ehepaar Molière am Sterbebett seines Erstgeborenen. In dieser Zeit verliert Jean-Baptiste auch einen jungen Freund und Ver-

ehrer, den Sohn seines alten Gönners La Mothe Le Vayer. Aus der Trauerstimmung entsteht ein formvollendetes Sonett, das er dem Vater schickt und in dem er dem Philosophen rät, es nicht allzu sehr zu sein, sondern menschlich zu empfinden und seinen Tränen freien Lauf zu lassen. Das Kondolenzschreiben enthält eine Zeile mit einem intimen Selbstbekenntnis. So oft Molière seine Seelenkämpfe camouflierend auf die Szene projiziert hat – direkt hat der verschwiegene Dichter nichts von sich preisgegeben. Nur hier lüftet er einmal für einen Moment den Schleier. *Wenn ich Sie nicht zum Weinen bewegen kann, so liegt das an der mangelnden Überredungskunst eines Mannes, der es selbst nur zu gut kann.*[77]

Molière kommt nicht zur Ruhe. Wieder einmal muß er bei einem

*Molière liest bei Ninon de Lenclos seinen «Tartuffe» vor.
Unter den Zuhörern: Corneille, Racine, La Fontaine, Rochefoucauld, La Bruyère.
In der Bildmitte: die Gastgeberin*

Ehekontrakt mitwirken. Seine Schwägerin Géneviève heiratet Leonard de Lomenie. Am gleichen Tag muß Molière, auf Order des Prinzen von Condé, zu einer Sondervorstellung bei der Prinzessin Palatine auf Schloß Raincy. Während dieser beruflichen und privaten Belastungen hat Molière noch die Kraft, eine fünfaktige Komödie zu schreiben. Zum Reimen ist keine Zeit, er muß in aller Eile ein Erfolgsstück auf die Beine stellen, denn die Konkurrenz ist dabei, ihn zu überrunden. Am 3. Dezember kauft er Dekorationen für ein pompöses Ausstattungsstück. Zum erstenmal hat er mehrere Spielorte, die Umbauten erfordern. Und wie stets sorgt er bis ins Kleinste für prachtvolle Kostüme.

Zwei andere Bühnen haben bereits mit «Don Juan»-Dramen große Erfolge erzielt.[78] Das mag einer der Gründe sein, warum Molière den

Stoff aufgreift – aber was macht er daraus! Er schreibt das Stück in einer Stimmung, in der er Gott und die Welt verfluchen könnte. Unter dem spanischen Mantel des sagenhaften Lüstlings und Lästerers und unter dem Vorwand, den Verruchten für die Hölle reif zu machen, kann er ihn sagen lassen, was er einer zeitgenössischen Figur niemals hätte in den Mund legen dürfen. Gegen manche Sentenzen Don Juans wirken die jesuitischen Tiraden des Tartuffe wie Sonntagspredigten. Hier arbeitet er auch einmal gezielt: dieser in allen Farben schillernde Aristokrat trägt unverkennbare Züge seines ehemaligen Protektors und jetzigen Erzfeindes Prinz Conti, der eine bösartige Schmähschrift gegen die Schauspieler, in der Hauptsache gegen Molière, verfaßt hat. Wenn Don Juan vor seinem Vater den Zerknirschten spielt, tut er es mit einem Text, dessen Wortlaut dem Reuebekenntnis Contis verdächtig ähnlich ist.[79] Was Don Louis seinem Unhold von Sohn vorhält, wirkt wie ein direkter Gegenstoß in diesem Duell:

Macht es dich nicht schamrot, dich deiner Herkunft so wenig würdig zu erweisen? Woher nimmst du dir das Recht, dir auf sie etwas einzubilden? Glaubst du, Name und Wappen genügten und es sei ruhmvoll, edlem Blut entsprossen zu sein, wenn wir wie Auswurf leben? Nein, nein, Geburt ist nichts, wo Sittlichkeit nichts ist. Begreife endlich: ein Edelmann, der ein schändliches Leben führt, ist ein Ungeheuer in der Natur. Sittlichkeit ist der erste Adelstitel. Nicht auf den Namen schau ich, sondern auf die Taten, die einer vollbringt, und ziehe den rechtschaffenen Sohn eines Lastenträgers dem eines Fürstensohnes vor, der so lebt wie du![80]

Hier ist Beaumarchais' «Figaro-Monolog» um ein Jahrhundert vorweggenommen, an einer anderen Stelle noch kühner, denn während Figaro seine Drohungen gegen den Grafen Almaviva in effigie monologisiert, spricht Sganarelle seinen Herrn direkt an, lediglich mit der Unterstellung, er meine einen anderen: *Hätte ich so einen Herrn, ich würde ihm glatt ins Gesicht sagen: Sie haben es nötig, Sie winziger Wurm, Sie armselige Ameise, die Sie sind! (Wie gesagt, ich rede von jenem Herrn.) Alles verwirrend ins Lächerliche ziehen, was andere Menschen verehren! Denken Sie vielleicht, weil Sie ein Hochgeborener sind, mit einer blonden, wohlfrisierten Perücke, Federn am Hut, einem goldstrotzenden Rock mit flammenfarbenen Bändern, denken Sie, sage ich, Sie wären ein fähigerer Mensch, Ihnen sei alles erlaubt, und man dürfe nicht wagen, Ihnen zu sagen, wie Sie wirklich sind?*[81]

Solche Worte haben die Herren, an die sie gerichtet sind, bisher von der Bühne herab noch nicht vernommen. Dennoch ist Molière ebensowenig ein Revolutionär wie später Beaumarchais, er sagt nur seine Meinung, sagt sie offen und kühn. Und die Wut über sein Tartuffe-Verbot gibt ihm Worte ein, über deren Tragweite er sich im Moment des Niederschreibens kaum klar gewesen sein dürfte. Wenn er seinen Conti-Don Juan die grassierende Seuche der Heuchelei als Heilmittel anpreisen läßt, ist das ein Akt höherer Ironie:

Heuchelei ist ein Modelaster. Den ehrlichen Mann spielen ist das Beste, was man tun kann. Der professionelle Scheinheilige bringt es am weitesten. Verlogenheit – eine Kunst – wird immer respektiert, und wird sie erkannt, wagt keiner, etwas zu sagen. Alle anderen menschlichen Laster werden getadelt, jeder hat die Freiheit, sie offen anzuprangern. Nur der Heuchler genießt das Privileg, aller Welt mit eigener Hand den Mund stopfen zu können – und überlegen und absolut straflos seine Ruhe zu genießen. Man braucht sich nur anzusehen, schon kennt man seine Gesinnungsgenossen. Man hüte sich, mit einem von ihnen anzubändeln, gleich hat man sie alle auf dem Hals. Die Gutgläubigen und Ehrlichen sind immer die Dummen. Arglos gehen sie ins Garn der Heuchler und unterstützen blindlings die Affen ihrer Taten. Wieviel, glaubst du wohl, kenne ich, die durch diese Strategie auf geschickte Art die Ausschweifungen ihrer Jugendzeit unter dem Deckmantel der Religion verschwinden ließen und so das Recht erworben haben, als Auswurf der Menschheit leben zu dürfen. Daß man ihre Intrigen kennt und genau weiß, wie sie sind, hindert nicht, daß sie in der Gesellschaft höchsten Kredit genießen. Unter dieses gnadenreiche Dach will ich mich retten und meine Angelegenheiten in Ordnung bringen. Meine lieben Gewohnheiten gebe ich dabei nicht auf, ich bin nur darauf bedacht, sie zu kaschieren und mich mit weniger Lärm zu vergnügen. Werde ich entdeckt, rühre ich keinen Finger, mache meine Sache zu der des ganzen Vereins, und man wird mich gegen jedermann verteidigen. Kurz und gut, das ist die beste Methode, straffrei alles zu tun, was einem Spaß macht.

Molière und der König: «Ja, Majestät, für übermorgen habe ich ein Drama geschrieben, für morgen eine Komödie in leichten Versen, für heute zwei Impromptus, drei Epigramme, und dann habe ich auch noch ein Ballett für gestern geschrieben.» (Karikatur von Jacques Faizaut)

Molière als heiliger Jean-Baptiste, in der Hand das Buch «Don Juan»

Auf diese für alle Zeiten gültigen Erkenntnisse folgt eine typisch Molièresche Kapriole. In der Antwort Sganarelles heißt es: *Der Mensch ist in dieser Welt wie ein Vogel auf dem Zweig, der Zweig hängt am Baumstamm, wer sich am Baum festhält, folgt guten Regeln, gute Regeln sind mehr wert als schöne Sprüche, schöne Sprüche sind wohlfeil am Hofe, am Hofe wimmelt's von Höflingen, Höflinge richten sich nach der Mode, die Mode entspringt der Phantasie, die Phantasie ist ein Produkt unserer Seele, die Seele gibt uns das Leben, das Leben endet mit dem Tode, der Tod läßt uns an den Himmel denken, der Himmel ist nicht die Erde, die Erde nicht das Meer, das Meer ist Stürmen unterworfen, Stürme schaukeln die Schiffe hin und her, Schiffe brauchen einen tüchtigen Steuermann, ein tüchtiger Steuermann ist vorsichtig, Vor-*

sicht ist nichts für junge Leute, junge Leute haben den Alten zu gehorchen, Alte lieben Reichtum, Reichtum macht die Reichen reich, Reiche sind nicht arm, Arme leiden Not, Not kennt kein Gebot und wer kein Gebot kennt, lebt wie ein wildes Tier – folglich werden euch alle Teufel zu packen kriegen! [82]

Den letzten Satz könnte man, ohne den Sinn zu verfälschen, auch im Klartext übersetzen: und darum gehen wir alle schließlich zum Teufel! Auch das ist aber keine grundsätzliche Lebensäußerung, aus der man eine fundierte Philosophie Molières erschließen könnte. Wer im *Don Juan* die erste Manifestation des Nihilismus sieht, deutet die Aussagen zu doktrinär. Wenn der grandseigneur méchant homme auch nur glaubt, daß zweimal zwei vier ist, so ist das die nüchterne Feststellung eines krassen Materialisten. Und sie ist nicht tiefsinniger zu verstehen als die Entgegnung Sganarelles, die am Ende auch nicht fest auf zwei Beinen steht.

Mit meinem kleinen Verstand und meiner bescheidenen Auffassungsgabe sehe ich die Dinge besser als alle Bücher, und es ist mir klar, daß die Welt nicht von selbst und über Nacht wie ein Pilz entstanden ist. Ich möchte Sie einmal fragen, wer hat denn die Bäume da, die Felsen, das Erdreich und den hohen Himmel darüber geschaffen? Ist das alles so von ganz allein geworden? Sie selber, zum Beispiel, da stehen Sie in Lebensgröße – haben Sie sich vielleicht selbst gemacht? Mußte Ihr Vater nicht erst Ihre Mutter schwängern, um Euch werden zu lassen? Können Sie all die Erfindungen, aus denen die Maschine Mensch zusammengesetzt ist, ansehen, ohne zu bewundern, wie alles so ins andere paßt? Verdammt, nun unterbrechen Sie mich doch mal, ich kann nicht disputieren, wenn man mich nicht unterbricht. Aber Sie schweigen absichtlich, um mich aus dem Konzept zu bringen.

Don Juan: *Ich warte nur darauf, was du schließlich sagen willst.*

Sganarelle: *Schließlich will ich sagen: es ist etwas Wunderbares im Menschen, das, was Sie auch einwenden mögen, alle Gelehrten nie werden erklären können. Nerven, Knochen, Adern, Lunge, Herz, Leber – alle diese Einzelteilchen, die es gibt ... ist das nicht großartig, daß ich hier bin und in meinem Kopf etwas steckt, das hundert Dinge auf einmal denken kann, und meinen Körper machen läßt, was er will, alle Absichten ausführt: in die Hände schlagen, Arme hochheben, Augen zum Himmel richten! Ich kann meine Füße bewegen, nach rechts, nach links, vorwärts, rückwärts, mich drehen ... (er wendet sich und fällt hin)*

Don Juan: *Na, siehst du, wie du mit deiner Beweisführung auf die Nase fällst!?* [83]

Wirkt das nicht wie eine Persiflierung von Hamlets Rede: «Welch ein Wunderwerk ist der Mensch! Wie edel an Vernunft, wie unbegrenzt an Fähigkeiten usw.»? Hamlet schließt: «Was ist mir diese Quintessenz von Staub?» und Sganarelle purzelt in den Staub. Will Molière hier drastisch vorführen, daß man mit dem Glauben an den Menschen nur auf den Bauch fällt, oder löst er wieder nur eine seriöse Szene in Gelächter auf? Und wie steht es mit der berühmten Bettlerszene? Hat hier Molière auch weniger an Weltanschauliches als vielmehr an Wirkung gedacht?

Die Bettlerszene aus «Don Juan». Zeichnung von Aubrey Beardsley

Don Juan will einem frommen Einsiedler ein Goldstück schenken, wenn dieser Gott verflucht. Der arme Mann will aber lieber verhungern. Nachdem ihn Don Juan verhöhnt: *Einem Menschen, der den ganzen Tag zu Gott betet, kann es doch nur großartig gehen!* gibt er ihm das Goldstück schließlich doch, mit den Worten *Pour l'amour de ... l'humanité.* Je nachdem, ob man das Wort humanité mit «Menschheit» oder «Menschlichkeit» übersetzt und alle Ausdeutungsmöglichkeiten untersucht, sind über das, was Molière damit ausdrücken wollte, philosophische, soziologische und sogar unlogische Analysen angestellt worden. Eine andere Erklärung erscheint einleuchtender: daß nämlich der Dichter die Wendung einfach parodistisch gemeint hat. Jedem Franzosen ist aus dem populärsten Volkslied seiner Nation «Au clair de la lune» von Kindesbeinen an «Pour l'amour de Dieu» bekannt. Wenn der Gottesleugner nun zu der vertrauten religiösen Formel ansetzt, wird dem Publikum der Atem gestockt – und als er dann «Pour ... l'humanité» sagt, wird es ein erlösendes Lachen gegeben haben. Leider nur bei der Premiere. Denn schon am nächsten Tag fällt die Szene weg, genau wie andere «allzu gefährliche» Stellen. Die Entrüstung der Dévots mahnt den kühnen Autor zur Vorsicht. Auch der Schlußmonolog Sganarelles muß geändert werden. Wenn die Bannerträger der Kirche schon daran Anstoß nehmen, daß ein Domestik die Sache der Moral verteidigt, ein Windbeutel noch dazu, der die Fahne nach dem Wind hängt und für den Glauben und Aberglauben Zwillinge sind, so empfinden sie den Schlußmonolog Sganarelles, der – nachdem Don Juan mit dem notwendigen Theaterdonner, aber ohne einen Laut der Reue, lediglich mit einem körperlichen Schmerzensschrei, nun wirklich Kavalier ohne Furcht und Tadel, den parkettierten Weg zur Hölle gefahren ist – lediglich um seinen ihm vorenthaltenen Lohn jammert, als Blasphemie, während moderne Soziologen darauf hinweisen könnten, daß hier ein Mißstand der Epoche angeprangert werden soll: häufig blieb die hohe Aristokratie ihren Bediensteten den Lohn schuldig und bei einem jähen Todesfall gingen die Abhängigen oft leer aus. Don Juan, dieses dramatisierte Chamäleon, läßt alle möglichen Interpretationen zu. Für C. S. Gutkind zum Beispiel ist er «ein gemeinschaftsfeindlicher Fanatiker des eigenen Ich»[84], Bertolt Brecht meint, er sei «kein Atheist im fortschrittlichen Sinn. Er benutzt jedes Argument, ohne an eines zu glauben.»[85] Und für Hans Heiß ist das Stück «ein Peitschenhieb, denen zugedacht, die Molière gegen seinen Tartuffe verbündet sah oder vermutete»[86]. Das in seiner Komposition bis zur Zusammenhanglosigkeit uneinheitliche Stück nimmt im Werk des Dichters eine Sonderstellung ein – wie auf andere Art *Das Impromptu von Versailles* –, da Molière sein System der Camouflage hier am weitesten vorangetrieben hat. Nebenbei sei erwähnt, daß die groteske Gläubiger-Szene mit Monsieur Dimanche (Herr Sonntag) zum Klischee für Dutzende von Boulevard-Schwänken bis in unsere Tage hinein wurde. Vom 15. Februar 1665 bis zur Karwoche wird *Don Juan oder der steinerne Gast* fünfzehnmal gespielt. Dann geht es dem Stück wie seinem Helden: es verschwindet in der Versenkung. Ist Molière gewarnt oder gar bedroht worden? Wer hat ihm solche Angst eingejagt, daß er selbst die gewährte Druckerlaubnis nicht auszunützen wagt? Hat ihn das Pamphlet des (angeblichen) Parlamentsadvokaten Sieur de Rouchemont «Untersuchungen über eine Komödie von Molière, betitelt der steinerne Gast», das zu Ostern erscheint und binnen kurzem fünf Auflagen erlebt, die Augen darüber geöffnet, daß sein Spiel lebensgefährlich ist? Erst vor zwei Jahren wurde der Dichter Le Petit wegen eines Spottgedichts «Bordel des Muses» hingerichtet.

Am 18. Mai stirbt Molières einzige Schwester Marie-Madeleine. Am 3. August kommt Armande mit einem Mädchen nieder. Dieses einzig überlebende Kind von Molière wird am nächsten Tag auf den Namen Esprit Madeleine [87] getauft, nach ihrem Paten, dem «Messire Esprit de Remon, Marquis de Modène» und seiner Ex-Geliebten Madeleine Béjart, aus welchem Umstand manche Molièristen geschlossen haben, die Kindesmutter die Tochter der beiden sei, da es eine verbreitete Sitte war, Enkeln den Namen der Großeltern zu geben. Am 14. August gewährt ihm der König, möglicherweise aus schlechtem Gewissen, weil er immer noch nicht wagt, den *Tartuffe* freizugeben, eine Subvention von 6000 Livres und ernennt die Compagnie zur «Troupe du Roi au Palais Royal», zu königlichen Hofschauspielern. Ein schwacher Trost für Molière, der sich natürlich für die Ehre mit einem neuen Stück nach Geschmack des Monarchen bedanken muß. Am 14. September wird in Versailles zum erstenmal *L'Amour médecin* (*Der verliebte Arzt*) gespielt. Aus der harmlosen Farce hat sich ein Ausspruch erhalten. *Vous êtes orfèvre, Monsieur Josse* (Sie sind Juwelier, Herr Josse) ist in Frankreich sprichwörtlich für jemanden, der eine Ware anpreist. Erwähnenswerter ist eine grundsätzliche Äußerung des Dichters im Vorwort der Buchausgabe: *Komödien werden, wie man weiß, nur geschrieben, um gespielt zu werden, und ich rate keinem, der sich die Vorgänge auf dem Theater nicht lebendig vorstellen kann, diese hier zu lesen.*

Ausgerechnet am Tag der Uraufführung von *L'Amour médecin* erreicht der Streit zwischen Armande und der Frau des Hauswirts, dem berühmten Arzt Daquin, einen unreparablen Höhepunkt, und das Ehepaar Molière muß Hals über Kopf ausziehen und provisorisch bei dem Kollegen La Grange unterschlüpfen. Zwischen den Vorstellungen muß Molière auf Wohnungssuche gehen. Mitte Oktober findet er etwas Passendes. Er mietet in der Rue de Saint-Thomas du Louvre ein hübsches kleines Haus (La Maison Millot). Aber von Harmonie in der Ehe kann nicht mehr die Rede sein. Armandes Flatterhaftigkeit und Jean-Baptistes nervöse Gereiztheit führen zu periodischen, sich steigernden Krisen. Das Schlimmste aber muß Molière erleben, als das Jahr sich neigt. Während der Proben zu Racines zweitem Stück «Alexander der Große» kommt es zu jenen Auseinandersetzungen zwischen Autor und Regisseur, wie sie nicht aussterben werden, solange es noch ein Theater gibt. Am 4. Dezember ist die glanzvolle Uraufführung im Palais Royal. Ob der Dichter anwesend war, wissen wir nicht. Aber was geschieht am 18. Dezember? Das Hôtel de Bourgogne spielt dasselbe Stück: «Alexander der Große» von Jean Racine. Mit den beliebteren Tragöden. Auch der König besucht die Vorstellung der Konkurrenz und äußert sich sehr lobend. Nach neun Vorstellungen – die Einnahmen werden immer spärlicher – wird es im Palais Royal abgesetzt. Molière schäumt, er zahlt

Racine keine Tantiemen. Eine Freundschaft geht in die Brüche. Marquise du Parc, deren Mann im vorigen Jahr gestorben ist, hält zu ihrem neuen Liebhaber, von dem sie sich große Tragödinnenrollen verspricht. Sie droht, ihren Vertrag nicht zu erneuern. Molière muß befürchten, seinen weiblichen Zugstar zu verlieren. Die Gründe für Racines Treuebruch liegen vielleicht nicht nur in künstlerischen Meinungsverschiedenheiten. Dem Opportunisten Racine wird die Intimität mit dem Autor des *Tartuffe* und *Don Juan* zu gefährlich geworden sein. Dieser Ärger, dazu neue Querelen mit Armande – all das wird zuviel für Jean-Baptiste. Sein Körper tritt die Flucht in die Krankheit an. Völlig erschöpft, am Ende seiner Kräfte, zieht er sich in das neu erworbene Landhaus in Auteuil zurück. Aber Armande hat kein Talent zur Samariterin. Sie bleibt in Paris. Molière kann drei Monate lang nicht spielen.[88]

«KANN ICH'S, VERRÄTERIN?»

> «So wie die Tragödie und die Komödie mit den
> gleichen Buchstaben niedergeschrieben werden können,
> so kann auch sehr verschiedenartiges Geschehen
> in der Welt durch gleiche Atome verwirklicht werden,
> sofern sie nur verschiedene Stellungen
> einnehmen und verschiedene
> Bewegungen ausführen.» Demokrit

In derselben Woche, in der Prinz Conti stirbt, erscheinen *Die Werke des Herrn Molière* (neun Komödien in zwei Bänden). Geschäftlich ist das ein Risiko. Was der Verleger zahlt, schlägt wenig zu Buch, während sämtliche Provinz- und Wanderbühnen die Stücke nachspielen können, da es die segensreiche Einrichtung von Tantiemen noch nicht gibt.[89] Gewiß, die Veröffentlichung bringt Ruhm, denn Molière wird übersetzt, und in Deutschland wird er bald gespielt, in England kopiert werden, aber seine Gegner sparen nicht mit hämischen Kritiken, die den Dichter verletzen. Ihnen begegnet Montreuil mit einem Vierzeiler: «Wollt ihr wissen, was die beste / trefflichste Methode wär / zu verärgern den erlauchten Molière? / Macht uns lachen so wie er!»

Boileau besucht den Freund in Auteuil. Er rät dem Kranken, von dessen Genie als Dichter er überzeugt ist, das Theater, aus Rücksicht auf seine Gesundheit, aufzugeben. Jean-Baptiste soll erwidert haben, seine Ehre gebiete ihm, dabeizubleiben. Darauf Boileau: «Eine schöne Ehre, sich das Gesicht schminken und jeden Abend einen Haufen Narren zum Lachen bringen!» Da kann Molière nur die Achseln zucken. Ein Literat wird nie begreifen, daß ein Vollblutkomödiant vom Theater nicht lassen kann, selbst wenn er wollte. In seiner zweiten Satire, die Molière gewidmet ist, schreibt Boileau: «Er gefällt der ganzen Welt und kann sich selbst nicht gefallen.» Der Dichter soll dazu geäußert haben: *Etwas Wahreres über mich ist nie gesagt worden.* Auch die anderen Freunde besuchen ihn, vor allem der treue, ewig trunkene Chapelle. Sie sollen ein Gespräch geführt haben, das wie eine postume Prosaübersetzung aus dem *Misanthrope* wirkt. Es kann aber auch sein, daß der Dichter, mit dem Werk beschäftigt, sich dem Freund gegenüber so ausgesprochen hat, was beweisen würde, wie tief Jean-Baptiste sich in Alceste verbirgt. Chapelle soll ihm geraten haben, von seinem Recht als Ehemann Gebrauch zu machen und Armande kurzerhand in ein Kloster sperren zu lassen. Worauf Molière gesagt haben soll:

Ich sehe, du hast nie geliebt. Ich weiß, daß nur wenige Frauen unsere Zuneigung verdienen. Ihre Triebfedern sind Eitelkeit, Ehrgeiz und Egoismus ... Aber meine Frau habe ich für mich aus der Wiege gehoben, sie mit größter Sorgfalt erzogen, so daß jene üblen Gerüchte entstanden.

Als ich sie heiratete, war sie blutjung. Damals war ich blind, wußte nichts von ihrem Trieb ... Bis ich erkannte, daß die Frau, die nicht einmal sonderlich schön ist und das bißchen Geist, das sie besitzt, mir verdankt, meine ganze Philosophie in einem Augenblick zusammenbrechen läßt.

Nur ein Dichter kann so lieben. Ich denke nur an sie, beziehe alles auf sie, habe, fern von ihr, keine Freude. Sobald ich sie erblicke, schwindet mein Bewußtsein; ich bin bewegt, entzückt, ich kann nicht beschreiben, was ich empfinde. Ihre Fehler sehe ich dann nicht mehr, nur ihre liebenswerte Erscheinung. Ist das nicht Wahnsinn in höchster Form? [90]

Wenn diese Rede nicht erfunden ist, dann gehört die Geschichte des Lebens von Molière – selbst wenn er nicht seinen Platz in der Theater- und Literaturgeschichte hätte – zur Historie der großen Liebenden. Und dann ist der *Misanthrope* allerdings eine Tragödie.

Wie der Autor selbst seinen Helden gesehen hat, deutet der Untertitel *L'Atrabilaire amoureux* an. *Der gallige Liebhaber* oder *Der verliebte Griesgram* – als solchen hat er ihn auch gespielt.[91]

Das Stück hat wenig Handlung. Alceste will eine entscheidende Auseinandersetzung mit der gefallsüchtigen Célimène herbeiführen, und als er sie, immer wieder durch «Lästige» unterbrochen, endlich erreicht, erreicht er nichts. Am Schluß ist er auch wieder ein «Barbouillé», ein Angeschmierter. Aber ein durch sich selbst, durch seine Sturheit, seine Selbstsucht, seine Unverträglichkeit Hereingefallener. Als Célimène, die in einem Brief sich über ihre Bewerber lustig gemacht hat, durch öffentliche Vorlesung ihrer Malicen kompromittiert wird und, von den anderen verlassen, Alceste eingesteht, daß sie ihm gegenüber sich vergangen habe und gut verstehen könne, wenn er sie jetzt hasse, antwortet er:

Kann ich's, Verräterin?
Kann ich denn meine Leidenschaft besiegen?
Und selbst, wenn ich Euch glühend hassen würde,
Fänd sich mein Herz bereit, mir zu gehorchen? [92]

Hier schimmert durch die Maske Alcestes wieder Molière hindurch. Aber nur seine unbegreifliche Liebe macht die Bühnenfigur Alceste schätzenswert. Im übrigen zeigt er sich als «selbstgefälliger Wahrheitsfanatiker». Wie so oft hat Molière hier wieder ein Thema gewählt, das

Jean Racine, gezeichnet von seinem Sohn Jean-Baptiste

eigentlich eine Tragödie ergäbe. Aber unter seinen Händen gerät eben alles zur Komödie.93 Sein Blickwinkel, aus dem er die Menschen sieht, ist der des Karikaturisten. Ja, wenn dieser Alceste eine Idee, wenn er Format hätte! Aber er ist letzten Endes nur «Dutzendware der Natur» (Schopenhauer). Ein reicher Marquis, der eine ebenso wohlhabende junge Witwe umwirbt; ein Typ, der einen Tick hat: unter allen Umständen die Wahrheit zu sagen, auch, wo sie nicht am Platz ist oder gar Unheil anrichtet. Das aber ist der «Firnis der Meister», wie es Marcel Proust nennt: mit welch sublimierter Ironie Molière uns dieses Musterexemplar eines jugendlichen Heißsporns – denn sicher hat er Alceste, auch wenn er als reifer Mann ihn spielte, nicht viel älter gedacht als Célimène – mit seinem Freund Philinte diskutieren läßt; wie Alceste, der sich übertrieben darüber aufregt, als Philinte einen flüchtigen Bekannten stürmisch wie seinen besten Freund begrüßt.

Alceste: *Nein. Solche Lebensart ist mir ein Greul,*
in der die meisten eurer Mode-Affen
sich heuchlerisch gefallen. Und ich hasse
nichts mehr als das, all dies Gesichterschneiden,
von diesen aufgeblas'nen Phrasendreschern,
die sich mit fader Freundlichkeit umarmen,
unnützes Zeug verzapfen und sich in

*verlogenen Höflichkeiten überbieten
und Ehrenmann wie Mistfink gleich behandeln.
Was hab ich davon, wenn mir so ein Wicht
Freundschaft, Zuneigung, Gleichgesinntheit schwört,
mit Lob mich überschüttet, ganz so wie
den nächsten Narren, dem er grad begegnet.
Nein, wer noch etwas Selbstachtung besitzt,
der wird sich niemals so prostituieren.
Wer auf sich hält, trägt seinen Wert in sich
und muß sich nicht mit aller Welt verbrüdern.
Das ist der Punkt, worauf sich Achtung gründet;
Wer jeden schätzt, der schätzt im Grunde keinen.
Und weil Ihr mittut in dem Schaukelspiel,
gehört Ihr, sei's geklagt, nicht mehr zu mir.
Ein allzu weites Herz, das allem offen
und alles unterschiedlos hinnimmt, lehn ich ab.
Ich will, daß man mich einschätzt, wie ich bin,
für mich gilt saub're Unterscheidung und
der Allerweltsfreund, der ist nicht mein Fall.*
Philinte: *In dieser Welt muß man sich nach ihr richten,
gesittet sein, wie es der Brauch verlangt.*
Alceste: *Nein, sag ich, mitleidlos muß man
weit von sich weisen solche Quasi-Freundschaft.
Ich will ein Mann sein; wenn wir uns begegnen,
zeig sich des Herzensgrund in jedem Wort.
Und was man fühlt und spricht, das sollte nicht
mit leeren Komplimenten sich maskieren.*
Philinte: *Nicht überall ist Offenheit am Platz,
ja, kaum erlaubt und wär oft lächerlich.
Wenn es Euch Puritaner auch mißfällt:
zuweilen ist es gut, das Herz zu wahren,
verschweigen, was man meint. Ist es denn schicklich,
ja, nötig, allen Leuten zu erzählen,
was man von ihnen denkt? Und wen man haßt,
wer uns mißfällt – dem soll man offen sagen,
wie sich das Ding in Wirklichkeit verhält?*
Alceste: *Ja.*
. . .
*In diesem Punkt verschon ich keinen einzigen!
Ich bin zu tief verletzt. Ich seh in Hof und Stadt
kein Ding mehr, das mir nicht die Galle reizt.
Mit schwarzer Laune wächst mein schlimmer Grimm,
muß ich mit ansehn, was die Menschheit treibt.
Was find ich denn als fade Schmeichelei,
Selbstsucht, Verrat, Trug, Ungerechtigkeit.
Ich rase, kann nicht mehr, am liebsten möcht ich
der ganzen Menschheit meinen Krieg erklären!* 94

Durch das ganze Stück wiederholt Alceste in vielen Wendungen seine

Titelblatt zur ersten Ausgabe der Werke Molières

Meinung, stets Vernunft und Fanatismus verquickend. Er nennt sich selbst einen «Honnête homme». Ist er einer?

Diese Bezeichnung kommt im Werk Molières so häufig vor und immer wieder in wechselnder Bedeutung, weil es ein Zentralwort der Zeit ist. Nach einem Lexikon der Epoche hat der «honnête homme» folgende

Szenenbild aus «Der Misanthrop». Aufführung der Comédie Française

Haupteigenschaften: Bienséant = wohlanständig, schicklich; brave = tapfer, beherzt; convenable = anständig, sich anpassend; décent = ehrbar, wohlanständig; irréprochable = fehlerlos, sittlich; moral = moralisch, sittlich; naturel = natürlich; raisonnable = vernünftig, verständig, anständig; satisfait = befriedigend; spirituel = geistig; suffisant = genügsam (heutige Bedeutung: selbstgefällig, dünkelhaft, eingebildet) und vertu (heute vertueux) = tugendhaft, tapfer.

Nach Leibniz ist der «honnête homme» ein «Mann mit Haltung, weiß Schlichtheit zu wahren und alles Unanständige zu vermeiden». Eine moderne Definition gibt Gottfried Benn in seinem Essay «Franzosen»: «Dieser homme du monde, der im siebzehnten Jahrhundert Figur wird und den Ritter ablöst, hat Beziehung zum englischen Gentleman, aber er ist spiritueller. Ein galant homme hat so viel Esprit wie Honnêteté.» Und wenn Benn an anderer Stelle schreibt: «Hier beginnt der große Stil des siebzehnten Jahrhunderts, der große französische Stil! Zu Ende der Latinismus der Schulen, die scholastische Rhetorik, ebenso wie die Allegorien und Konventionen der Trouvères, an ihre Stelle tritt die Ausdrucksweise des honnête homme, des Mannes von Welt: gelassen, aufrichtig, antineurotisch und vor allem klar, die moderne Sprache, das Mot juste, unser Jargon»[95], so hat er mit dieser positiven Wertung genauso recht wie der Molière Biograph Wolff, der auch die Kehrseite dieser Medaille aufzeigt: «Der Mann der Gesellschaft ist das Ideal jener Zeit. Sein Stand, seine Religion und sein Beruf sind gleichgültig, er mag bürgerlich oder adlig, katholisch oder evangelisch, Soldat, Beamter oder Schriftsteller sein, wenn er nur über die Manieren, das Auftreten, die

Formgewandtheit und Höflichkeit verfügt, die für den Verkehr gebildeter Menschen erforderlich sind. Er muß den Damen huldigen, womöglich Sonette für sie reimen, aber frei von jeder wirklichen Leidenschaft bleiben; er muß plaudern können, und das setzt die Beherrschung der Sprache voraus; er darf Geist und Witz besitzen, aber ja keine eigenen Ideen; denn eigene Ideen würden sofort eine Spaltung hervorrufen. Racines Helden, sein Achilles, Hippolyte, Pyrrhus verwirklichen dies Ideal. Sie bewegen sich mit der vollendeten Sicherheit des Salons, finden immer das richtige Wort, sind liebenswürdig, geistreich und galant gegen jede Frau, mag sie eine Prinzessin oder gefangene Sklavin sein. Es ist ein armseliges Ideal, das zum Schluß darin besteht, wie ‹Tout-le-monde› zu sein und weder im Guten noch im Bösen sich hervorzutun, aber ein Ideal, das die Demokratisierung der Gesellschaft herbeiführt. Es war für jedermann erreichbar, für den König wie den Bürgersohn, man brauchte sich nur aller Eigenart zu entäußern und dem Schein zuliebe die innere Natur aufzuopfern. Nicht in seelischer Bildung, sondern in der glänzenden Außenseite bestand die Kultur, sie war eine künstlich gemachte, und als solche notwendigerweise mit Heuchelei verbunden, dem spezifischen Laster des siebzehnten Jahrhunderts.»[96]

Der Misanthrop, am 4. Juni 1666 uraufgeführt, findet nicht die Publikumswirkung, die der Dichter sich erhoffte. Bis auf ein Liedchen, das vom ersten Tag an beklatscht wird und bis heute in Frankreich populär ist. Darum sei es als Marginalie zitiert. – Um dem Auch-Dichter Oronte zu demonstrieren, was Alceste sich unter Poesie vorstellt, singt er ein paar schlichte Verse, in denen Molière selbst seiner Grundansicht, Natürliches über Gekünsteltes zu stellen, lyrischen Ausdruck verleiht. (Wolf Graf Baudissin ist hier ein Übersetzer-Kunststück gelungen, denn auch in der deutschen Fassung klingt der Text wie ein echtes Volkslied.)

Hätte König Heinrich mir
Ganz Paris gegeben,
Und entsagen sollt ich dir,
Mein geliebtes Leben,
Spräch ich: Nein, Herr König, nein,
Eur' Paris steckt wieder ein!
Lieber ist mein Liebchen mir,
Tausend Male lieber! [97]

Molière hat Sorgen. Daß er nicht, wie gewohnt, eingeladen wird, sein neues Stück bei Hofe zu spielen, stimmt ihn bedenklich und hat einen negativen Propagandawert. Die Einnahmen sinken. Also greift er in die Schublade und überarbeitet eine alte Farce. Mit dem *Arzt wider Willen* wird das Schiff wieder flott. Wieder einmal heißt die Hauptfigur Sganarelle, eine Bombenrolle für den Komiker Molière! Auch hier hat er einen Sondererfolg mit seinem Liedchen an die *Geliebte Flasche*, das seitdem in keiner französischen Lyriksammlung fehlt und auch heute noch gesungen wird. Welcher Dramatiker kann sich rühmen, seiner Nation zwei Volkslieder geschenkt zu haben?

Die dreiaktige Komödie (mit einem Umbau!) könnte heute gut als absurdes Stück durchgehen, wäre die Eröffnungsszene nicht von einem prallen Naturalismus, wie er selbst Gerhart Hauptmann nur selten gelungen ist. Gleichzeitig wirkt der auf fünf Minuten komprimierte Ehekrieg wie eine vorweggenommene Persiflage auf Strindbergs «Totentanz». Molière führt ihn uns in proletarischer Verkleidung vor, aber er ist nicht an das Milieu und auch nicht an die Zeit gebunden.

Sganarelle: *Nein! Kommt nicht in Frage, sag ich dir! Hier bestimme nur ich! Ich bin der Herr im Hause!*
Martine: *Und ich sage dir, du wirst dich endlich nach mir richten. Dazu hab ich dich nicht geheiratet, um nach deiner Pfeife zu tanzen.*
Sganarelle: *Was eine Sündenstrafe, ein Weib zu haben! O Aristoteles, wie recht hast du, eine Frau ist schlimmer als ein Teufel!*
Martine: *Da schau her: was ein kluger Mann mit seinem dämlichen Aristoteles!*
Sganarelle: *Jawohl, klug! Such dir erst mal einen Besenbinder, der so weitläufig über alles reden kann, wie ich ... und der die Grundsäfte der Wissenschaft schon mit der Muttermilch eingesogen hat.*
Martine: *Zum Kotzen, so ein Angeber!*
Sganarelle: *Zum Kotzen, so eine dumme Trine!*
Martine: *Fluch dem Tag und der Stunde, in der ich so dumm war, ja zu sagen!*
Sganarelle: *Fluch dem Rindvieh von Notar, der mich mein Elend unterschreiben ließ!*
Martine: *Du hast Grund zu jammern! Wahrhaftig, du müßtest jeden Augenblick dem Himmel danken, eine Frau wie mich zu haben. Hast du ein Weib wie mich verdient, du?*
Sganarelle: *Wahrhaftig, zu viel Ehre! Da wurde mir ja schon in der Hochzeitsnacht ein Lichtlein aufgesteckt! ...*
Martine: *So...o? Was willst du damit sagen?*
Sganarelle: *Schwamm drüber! Schließen wir das Kapitel! ... Aber du kannst von Glück sagen, nicht ich – dir einen so respektablen Mann ergattert zu haben!*
Martine: *Das nennst du Glück? Mit einem solchen Luftikus leben zu müssen? Einem Kerl, der mich noch ins Armenhaus bringen wird! Einem Gierschlund, der alles, was ich anschaffe, mir hinterrücks wegfrißt!*
Sganarelle: *Das lügst du! Einen Teil versauf ich auch!*
Martine: *Der den ganzen Haushalt Stück für Stück versilbert!*
Sganarelle: *Um die Wirtschaft zu beleben!*
Martine: *Sogar mein Bett hat er mir weggenommen!*
Sganarelle: *Damit du früher aufstehst!*
Martine: *Nicht mehr ein einziges Möbelstück ist mehr im Haus!*
Sganarelle: *Um uns den Umzug zu erleichtern!*
Martine: *Von früh bis abends spielen und saufen, das kann er!*
Sganarelle: *Nur, um mich nicht zu langweilen!*
Martine: *Und was mach ich unterdessen mit der Familie?*
Sganarelle: *Wozu du lustig bist.*

Martine: *Vier unmündige Kinder hängen mir am Hals ...*
Sganarelle: *Setz sie auf den Fußboden!*
Martine: *... die andauernd nach Brot schreien!*
Sganarelle: *Gib ihnen die Rute! Wenn ich gut gegessen und getrunken habe, möcht ich, daß es auch alle anderen in meinem Hause satt haben.*
Martine: *Und du glaubst, du Saufaus, das kann immer so weiter gehen?*
Sganarelle: *Mein Frauchen, etwas sanftere Töne, bitte!*
Martine: *Damit ich deine Frechheiten und dein Prasserleben bis in alle Ewigkeit hinnehme?*
Sganarelle: *Ereifern wir uns doch nicht, meine Teure.*
Martine: *Aber ich werde schon ein Mittel finden, dir deine Pflichten beizubringen.*
Sganarelle: *Du weißt, ich bin nicht allzu geduldig und habe eine kräftige Handschrift.*
Martine: *Mit deinen Drohungen kannst du mich ...*

Die Typen der französischen und italienischen «Farceurs» in Paris. Links außen: Molière. Anonymes Gemälde, 1670

Sganarelle: *Juckt dich wieder mal dein Fell, mein Schätzchen?*
Martine: *Ich werd's dir zeigen, daß ich nicht s o viel Angst vor dir habe!*
Sganarelle: *Meine teuerste Hälfte, dich lüstet also, dein Teil zu kriegen...*
Martine: *Meinst du, du kannst mich mit deinen Sprüchen einschüchtern?*
Sganarelle: *Süßes Lustobjekt meiner Augen, es gibt was hinter die Ohren!*
Martine: *Komm doch, du Weinschlauch!*
Sganarelle: *Ich schlag zu!*
Martine: *Saufaus! Trunkenbold! Schuft! Schurke! Schubiak! Habenichts! Heuchler! Hundskerl! Gauner! Galgenvogel! Tagedieb!*
Sganarelle: *Du willst es also nicht anders? (Sganarelle nimmt einen Stock und schlägt seine Frau; Martine schreit)*
Sganarelle: *Immer noch das beste Mittel, dich friedlich zu kriegen!* [98]

ÄRGER VON ALLEN SEITEN

«So selten die wahre Liebe ist –
wahre Freundschaft ist noch seltener.»
La Rochefoucauld

Über die Art, wie der dreizehnjährige Michel Baron zu Molière gekommen ist, gibt es verschiedene Fabeln. Angeblich soll er den Jungen der Witwe Raisin, die mit einer Kindertruppe durch die Lande zog, regelrecht abgekauft haben.

Michel ist ein Komödiantenkind. Der Vater starb, als er sich auf der Bühne mit dem Schwert am Bein verletzt hatte und die Wunde brandig wurde. Eine Amputation soll er mit den Worten verweigert haben: «Lieber krepieren! Was soll ich als Krüppel auf den Brettern?» Die Mutter, eine gefeierte Aktrice und begehrte Schönheit, starb eines noch abenteuerlicheren Todes. Sie schickte einen Liebhaber in ihre Wohnung, um das Bett anzuwärmen. Als sie nach der Vorstellung nach Hause kam, waren mit dem Galan sämtliche Möbel und Wertsachen verschwunden. Da traf sie der Schlag.

Molière nimmt den verwaisten Knaben in seine Truppe auf, entzückt von seiner Schönheit und begeistert von seinem Talent. Nach des Dichters Gewohnheit, jedem Mitglied seines Ensembles eine Rolle auf den Leib zu schreiben, konzipiert er eine jugendliche Idealgestalt. Die Gelegenheit dazu bietet ihm ein neuer Auftrag für eine heroische Schäferkomödie. Der Hof hat lange genug um die Königin-Mutter getrauert, die im Januar gestorben ist. Das Jahresende soll nun festlich auf Schloß Saint-Germain-en-Laye mit einem Divertissement nach Benserades «Das Ballett der Musen» begangen werden. Molière liefert drei Beiträge. Als erstes *Melicerte*, in der Titelrolle Marquise du Parc und der blutjunge Michel Baron als ihren Partner. Vor der Aufführung gibt es einen typischen Theaterkrach. Armande, wütend, sich mit der Nebenrolle einer Schäferin begnügen zu müssen, gerät mit Baron, der ein vorlautes

Bürschchen gewesen sein muß, in Streit und schlägt ihm ins Gesicht. Wenn man weiß, wie sich das Verhältnis der beiden weiterhin entwikkelt, könnte man zu dem psychologischen Schluß kommen: diese Ohrfeige war eine frühe Liebeserklärung.

Nach der Aufführung läuft der beleidigte Baron zum König, der ihm die erbetene Entlassung gewährt – und Michel verschwindet in der Provinz, zum großen Kummer von Molière. Ohne Baron ist die *Melicerte* unaufführbar. Molière muß zaubern und über Nacht Ersatz schaffen: eine *Komische Pastorale*, von der nur noch Bruchstücke vorhanden sind. Am 14. Februar wird noch *Der Sizilianer oder der verliebte Maler* gespielt, eine Farce ohne starke Farbe. Auf der Höhe wird sich Molière erst wieder im nächsten Jahr zeigen.

Ende März 1667 kehrt Marquise du Parc Molière endgültig den Rücken und läßt sich, immer noch in illegalen Flitterwochen mit Racine, vom Hôtel de Bourgogne engagieren. Dort kann sie aber zunächst nicht auftreten, da sie ihrem Dichterfreund erst ein leibliches Kind zur Welt bringen muß[99], bevor sie seine «Andromache» aus der Taufe hebt. Ein Traumerfolg für Autor wie Aktrice! Auf der Höhe ihres Ruhms und in der reifsten Blüte ihrer Schönheit genießt Marquise den Gipfelpunkt ihrer Karriere. Ein Jahr später stirbt sie unter mysteriösen Umständen. Bussy-Rabutin, der Klatschkolumnist des Jahrhunderts, schreibt über sie: «Ich bewundere den Stern der du Parc – tausend Leuten, und stets bedeutenden, hat sie tausend Leidenschaften eingeflößt!»[100]

Wütend über den Triumph des Verräters läßt Molière ein Stück gegen ihn schreiben: «La folle querelle ou la critique d'Andromache» (Die zänkische Irre oder die Kritik der Andromache) und erzielt damit einen Skandalerfolg (27 Vorstellungen). Racine antwortet mit dem Lustspiel «Les Plaideurs» (Die Prozessierer), eine kühne Satire auf die Justiz. Und was das Ärgste ist: dieser Angriff auf eine Institution der Macht wird nicht verboten. Im Gegenteil: Ludwig XIV. läßt sich die Komödie in Versailles vorspielen, amüsiert sich und gibt somit ein Startzeichen für einen Serienerfolg. Molière muß auch noch gute Miene zum bösen Spiel machen, darf nicht zeigen, wie tief der Stachel sitzt: daß Racine ihn auf seinem eigenen Feld schlägt. Freilich nur bei seinen Zeitgenossen, aber das Leben besteht nun einmal aus Gegenwart, und die sieht im Moment nicht rosig aus für Molière. Denn er hat ja vor wenigen Monaten auch noch erleben müssen, daß sein zweiter Versuch, seinen *Tartuffe* durchzusetzen, gescheitert ist. Angeblich mit Genehmigung Seiner Majestät spielt das Palais Royal am 5. August 1667 ein Stück in 5 Akten mit dem Titel *Der Betrüger*. Der Schuft des Stücks heißt Panulphe und trägt ein bürgerliches Gewand. Aber das Publikum bemerkt mit Entzücken, daß es nur ein verkleideter Tartuffe ist. Am nächsten Abend ist das Haus überfüllt. Molière tritt vor den Vorhang und erklärt: *Wir wollten die Ehre haben, Ihnen heute abend den «Betrüger» vorzuführen. Aber der Herr Präsident de Lamoignon will nicht, daß man i h n spielt.* Tumult! Wachen besetzen den Saal. Die Lichter erlöschen. S'è non è vero, è ben trovato!

Voller Empörung verfaßt Molière eine zweite Bittschrift an den König. Darin schreibt er:

Michel Baron als Cinna. Comédie Française, 1680

Meine Komödie hat sich der Gnade Ew. Majestät nicht erfreuen können. Vergeblich habe ich sie unter dem Titel «Der Betrüger» aufgeführt und die Hauptperson in weltlicher Tracht auftreten lassen – ich habe ihr einen kleinen Hut gegeben, lange Haare, einen großen Halskragen, einen Degen und ein überall mit Spitzen verziertes Gewand, habe an vielen Stellen die Ausdrücke gemildert und sorgfältig alles gestrichen, was dazu angetan erschien, den berühmten Modellen des Konterfeis, das ich schaffen wollte, auch nur den geringsten Grund zur Klage zu geben: alles war vergeblich. Auf bloße Vermutungen hin, was das bedeuten könnte, haben meine Gegner den Kampf aufs neue aufgenommen ...

Möchte es mir vergönnt sein, Sie zu ergötzen, sobald Ew. Majestät aus diesem so glorreichen Feldzug, müde von Eroberungen, zurückkehren und Ihnen, nach so großen Taten, unschuldige Zerstreuung zu bieten; möchte es mir gelingen, dem Monarchen, vor dem Europa zittert, ein Lächeln abzugewinnen.

Der getreue La Grange und La Thorillière, der ehemalige Musketier, reiten nach Flandern ins Feldlager des Königs. Sie werden jedoch von seinem Bruder abgefertigt. «Monsieur war, nach Weisung des Königs, gnädig zu uns», schreibt La Grange in seinem Register, «und er ließ uns sagen, wir möchten nach Paris zurückkehren. Er würde das Stück von Tartuffe prüfen, ob wir es spielen könnten. Daraufhin kehrten wir zurück. Die Reise hat die Truppe 1000 Livres gekostet. Während unserer Reise wurde nicht gespielt. Wir fingen am Sonntag, den 26. September mit dem *Misanthrope* wieder an.»[101]

In der Zwischenzeit sitzt Molière, elend an Körper und Geist, in seinem Garten in Auteuil. Er sieht weder seine Frau noch seine Tochter. Die Trennung von Armande ist endgültig. Man trifft sich nur noch auf der Bühne. Das Haus des Königlichen Apothekers Brulon, in dem er 1666 die dritte Etage für seine Familie gemietet hatte, betritt er nicht mehr. Denn unter ihm wohnte Cathérine de Brie, über ihm Madeleine mit ihrer alten Mutter, in der fünften Etage Géneviève! Wie soll man in einem solchen Tollhaus voller verrückter Komödianten eine Stunde Ruhe finden, um ein Stück schreiben zu können!

In Auteuil ist er allein, aber die innere Ruhe fehlt ihm. Die Freunde kommen ihn besuchen und wollen ihn aufmuntern. Aber er ist krank und kann nicht mit ihnen feiern. Wo aber Erzsilen Chapelle erscheint, ist Gott Dionysos zu Gast.

Ob die Anekdote, die Grimarest erzählt, in diese Zeit oder in eine frühere fällt, ist ungewiß. Passiert ist die Geschichte, die La Fontaines Sohn in einem Brief bestätigt. Der Freundeskreis begeht in Auteuil einen fröhlichen Umtrunk. Der leidende Molière muß sich mit Milch begnügen und zieht sich, als die Wellen höher schlagen, zurück. Als Nüchterner unter Trunkenen zu sein ist nicht erfreulich. Chapelle kommt in Katzenjammerstimmung und erklärt: «Unser Leben, was ist da schon dran? Nichts als Ärger und Elend von allen Seiten!» Die Freunde, alle voll alkoholisiert, stimmen ihm zu. Und man beschließt, sich in der Seine zu ertränken. Man weckt Molière. Als dieser von dem Vorhaben erfährt, ruft er aus: *Ohne mich wollt ihr euch ertränken? Ich dachte, wir sind Freunde. Und außerdem: so etwas muß großartig geschehen, nicht in der Nacht! Die Leute werden sagen, die Kerle waren so besoffen, daß sie aus Versehen ertrunken sind. Nein, morgen, nach Sonnenaufgang, stürzen wir uns gemeinsam, den Kopf voran, in den Fluß!* Die trunkenen Freunde stimmen zu und schlafen ihren Rausch aus. Der Massenselbstmord der geistigen Elite Frankreichs findet nicht statt – denn außer Chapelle sollen Boileau, La Fontaine und Lully an dem Fest teilgenommen haben.

Doch Chapelle muß in Auteuil auch nüchterne Stunden gehabt haben. Er hat sich von Molière zu einem «Brief über den Betrüger»[102] inspirieren lassen, mit dem er seinem Freund Schützenhilfe für den *Tartuffe* gibt. Denn die Situation ist ernst. Hardouin de Péréfixe, Bischof von Paris, hat nicht nur jede Aufführung, sondern auch jede Vorlesung des Stücks unter strengste Strafe gestellt. Weiß man, ob die Kabale der Dévots, in Abwesenheit des Königs – der zwar das Streitobjekt nicht freigibt, aber immer noch seine schützende Hand über den Dichter hält – es nicht so weit treiben kann, sich der Person des befeindeten Autors zu bemächtigen?

Beginn der Vorstellung. Stich nach einer Zeichnung von Charles Antoine Coypel

DREI STÜCKE IN EINEM JAHR

«Des Menschen Fürrecht ist das Lachen.»
Rabelais

Der Hofklatsch, den der «Tapissier du Roy» natürlich aus erster Quelle erfährt, raunt seit einiger Zeit: die La Vallière wird nicht mehr lange «Maîtresse en titre» sein, Seine Majestät nehme nur Rücksicht, weil die Dame gerade schwanger ist. Aber er hat eine Neue: eine beauté de diable. Er soll sehr verliebt in die achtundzwanzigjährige Françoise-Athénaïs sein, Marquise de Montespan, deren Gatte aber bereits von ihrer heimlichen Liebschaft mit dem König erfahren hat und «verrückt spielt»: er soll Trauerkleider angelegt und seine Frau für tot erklärt haben lassen. Es fällt schwer, sich vorzustellen, daß Molière, stets auf Stoffe aus, die einen Skandalwert besitzen, n i c h t an die Affäre Montespan gedacht hat, als er den *Amphitryon* schreibt. Am 13. Januar 1668 überrascht er sein Stammpublikum in Paris und am 16. Januar König und Hof durch eine antikisierende Komödie mit einem Vorspiel und 5 Akten auf der Bühne (und einem hinter der Szene). Ludwig äußert sich nicht. Er wird sich hüten, sich durch Zustimmung oder Ablehnung zu kompromittieren. Fühlt er sich getroffen? Wie weit geht die Ähnlichkeit? Zeigt sich nur in der «Situation» eine Parallele? Bei der Stelle:

Eine Teilhaberschaft mit Jupiter hat nichts Entehrendes! klatscht die Hofgesellschaft (sic!). Oder treibt der «Hofnarr des Zeitgeistes»[103] seine Frechheit so weit, die geheiligte Person des Herrschers (der als Jüngling den «Sonnengott» tanzte, seitdem sich aber auf Maskenfesten gern als Zeus präsentiert) zu persiflieren? Denn der Herr des Olymps, der in dem Stück in der Gestalt des Amphitryon bei Alkmene weilt, hat verdächtig selbstgefällige Züge. Wie dem auch sei – bewußt jedenfalls sind Anspielungen auf des Dichters persönliches Verhältnis zum König in die Verse verpackt, in denen Sosias, den Molière spielt, sich über das allgemeine Los der Dienerschaft beklagt:

Unser hartes Los ist zum Beweinen!
Bei den großen Herren wie den kleinen
hat alles allein
für sie da zu sein;
Die ganze Natur
Gehört ihnen nur;
Bei Tag und bei Nacht,
Bei Kälte bei Hitze,
Bei Hagel und Eis –
Stets heißt es nur: flitze!

Zwanzig Jahre treuer Dienste,
Die vergessen sie im Nu,
Aber jede kleine Laune
Zieht uns ihren Unmut zu.
Sinnverwirrt sind wir noch stolz drauf,
Uns in ihrem Dunst zu weiden,
In dem eitlen Wahne, daß uns
andre Leute drum beneiden.

Ob Vernunft und Verdruß
uns auch sagen: mach Schluß!
Wir können nicht lösen den magischen Bann,
Sie sehen uns einmal nur schmeichlerisch an –
Und der klägliche Tor
Dient treu wie zuvor.[104]

Amphitryon ist das einheitlichste Bühnenstück Molières. Endlich einmal hat er sich vom Alexandriner befreit; einmal ohne Stilbruch plätschern die Verse mit wechselnden Füßen, immer der Situation angepaßt, Heiterkeit verbreitend, angenehm in den Ohren. Leider ist für den Vergleich der schwerelosen Komödie Molières mit dem tiefsinnigen Lustspiel von Heinrich von Kleist hier kein Platz. Nur in aller Kürze: Molière zeigt sich als französischer Kavalier, indem er Alkmene nicht anwesend sein läßt während der peinlichen «Aufklärung», bei der Sosias sich für den falschen Amphitryon entscheidet, denn «der wahre Amphitryon ist der, bei dem man speist» (heute noch in Frankreich eine allgemeine Redensart). Der Schluß des Stücks gibt noch einen Hinweis auf die «lebendige Vorlage», wenn Sosias sagt:

> *Laßt auf weitre Worte uns verzichten,*
> *Ganz still nach Haus zu gehn, wär gut für jeden:*
> *Das Beste: über solcherlei Geschichten*
> *nicht zu reden.*[105]

Die Buchausgabe widmet Molière seinem Gönner, dem Prinzen Condé. Beim Studium des Plautus für *Amphitryon* ist dem immer nach Vorlagen suchenden Dichter noch ein Stück des Römers aufgefallen, das ihn reizt. Doch bevor aus «Aulaluria» *L'Avare* wird, möbelt Molière – wieder einmal liegt ein Eilauftrag aus Versailles vor – rasch seine älteste Farce mit einem genialen Einfall auf. Innerhalb des «Großen Divertissements», an dem der bekannte italienische Bühnenbildner Vigarini und Lully als Komponist beteiligt sind, kommt *Dandin ou le mari confondu* (*Dandin oder der betrogene Gatte*) [106] mit pompösen Zwischenspielen und noch größerem Erfolg heraus.

Molières «ewiger cocu» ist diesmal ein reicher Bauer, der eine Adlige geheiratet hat. Bauer nur dem Namen nach oder der Dekoration zuliebe; wieder nur eine Spielfigur. Fast alle Helden des Dichters haben keinen realistischen Umriß, keine erkennbare bürgerliche Existenz mit einem richtigen Beruf und sind ohne Konturen einer spürbaren Vergangenheit (Orgon ist eine Ausnahme). Soziologen werden vielleicht der Ansicht sein, Molière habe hier den Typ des durch Ausbeutung reich gewordenen Bauern (eine verschwindend geringe Minderheit) anprangern und zugleich der degenerierten Aristokratie, die sich durch Verheiratung ihrer Töchter mit Neureichen saniert, eins auswischen wollen. Möglich ist es: In dem Zweifrontenkrieg, den Molière ständig gegen König und das Parterre in Paris zu führen hat, liebt er die Taktik, beide Parteien abwechselnd zu schockieren und zu hofieren.

Ob die des Geldes wegen von ihren törichten Eltern namens Sotenville (Dummerstädt) zur Heirat mit dem ungeliebten Dandin gezwungene Angélique ihren Mann faktisch betrügt oder nicht, bleibt dem Regisseur oder dem Leser überlassen. Für Dandin kommt es auf das gleiche heraus: er wird dreimal, in sich steigerndem Maße, gedemütigt – so sehr, daß einem der Spaß am Spiel vergeht, weil hier die Menschenwürde buchstäblich in die Knie gezwungen wird. Dennoch sollte man Dandins verzweifelten Stoßseufzer: *Wenn man, wie ich, ein böses Weib geheiratet hat, ist das Beste, was man tun kann: man stürzt sich kopfüber ins Wasser!* nicht als wirkliche Selbstmordabsicht deuten und nicht tragischer nehmen als Scapins «Letzte Worte»: *Man trage mich an das Ende der Tafel, dort will ich den Tod erwarten!* [107]

Das dritte Stück des Jahres ist *L'Avare* (*Der Geizige*). Das Publikum ist enttäuscht. Die versverwöhnten Leute sollen sich an der Prosa gestört haben. Doch Molière ist als Harpagon so urkomisch und gespenstisch zugleich, daß die Komödie sich schließlich durchsetzt und in den nächsten Jahren noch siebenundvierzigmal gespielt werden kann. Wie sehr Molière immer auf Maßarbeit bedacht ist, wird gerade hier deutlich: weil er von Husten geplagt wird, hustet Harpagon; weil Louis Bé-

Die Marquise de Montespan. Zeitgenössischer Kupferstich

jart lahmt, wird er (in seiner Rolle als Diener La Flèche) von ihm als «hinkender Teufel» beschimpft. Harpagon, auch er keine Realgestalt, ist nicht nur der Todsünde des Geizes verfallen, er ist noch dazu ein verliebter Geizhals, ein Monstrum also. Ein totaler Geizhals wird für eine Frau keinen Sou opfern und wird niemals, wie Harpagon, der sich als Wucherer betätigt, auch nur eine Livre riskieren. Den absoluten Geizhals hat uns (freilich von Molière angeregt) Gogol in Großformat geschildert: gegen Pljuschkin in den «Toten Seelen» ist Harpagon ein Verschwender.

Größe bekommt Harpagon in seinem berühmten Monolog im fünften Akt. Am Anfang noch wörtliche Übersetzung des lateinischen Textes von Plautus, wird das fast atemlose, gehetzte Selbstgespräch zu einem Ausbruch des Nichtmehrmenschlichen, so daß dem Hörer das Lachen vergeht.

Wenn man sich nicht an die Komik hält, die vordergründig immer da ist, sondern den Hintergrund ernst nimmt, kann man sich nur wundern, wie, im 17. Jahrhundert, in dem die Bourgeoisie sich noch in embryonalem Zustand befand, hier bereits das Herzstück des Bürgertums, die Familie, in einem Zerfall vorgeführt wird, wie er erst in unserem Jahrhundert Wirklichkeit geworden ist.

Jede Epoche definiert die großen Werke der Vergangenheit auf ihre Weise. Für unsere Zeit hat Walter Teich in seiner (bei aller Knappheit umfassenden) Übersicht über die Komödie, die unserem Begriff «Schwarzer Humor» schon sehr nahekommt, den hohen Aktualitätswert des Stücks erkannt, wenn er analog schließt:

«Der reiche Geizige, das ist der paradoxe Mensch in Reinkultur. Wir alle sind heute in Gefahr, reiche Geizige zu werden, die immer neue Gründe finden, ihre Schätze zu vergraben und nichts an die abzugeben, die nichts haben. Uns alle plagt ein schlechtes Gewissen, wie es Harpagon im Grunde auch plagt. Wir alle machen uns immer wieder so unfrei, wie Harpagon sich unfrei macht. Seine Geldgier zwingt ihn, die Schatulle zu vergraben, und Tag und Nacht der Wächter seiner Schatulle zu sein.

Auch der moderne Mensch hat seine Schatulle, die er ängstlich bewacht. Wir streben alle zu Ersatzlösungen für unsere Angst, sei es Besitz, Sensation oder Zerstreuung. Unsere Furcht ist ebenso einfach fundiert und klar zu erkennen wie die des Harpagon, aber wenn sie uns Kinder dieser verwalteten und komplexen Welt zu handeln treibt, bekommt die Furcht viele Gesichter.»[108]

PHÖNIX AUS DER ASCHE

> «[Das Ziel der Komödie] ist einerlei mit dem Höchsten,
> wonach der Mensch zu streben hat:
> frei von Leidenschaften zu sein, immer klar,
> immer ruhig und in sich zu schauen,
> überall mehr Zufall als Schicksal zu finden
> und mehr über Ungereimtheit zu lachen
> als über Bosheit zu zürnen und zu weinen.»
> Schiller

Endlich ist der große Tag der Wiedergutmachung gekommen. Nach dem Tod seiner Mutter, der Beendigung des Krieges und einer vorläufigen Beruhigung der kirchlichen Fehde sieht Ludwig keinen Grund mehr, den *Tartuffe* zu verbieten. Kein Dokument verrät, was wirklich vorgegangen, wie es zur Freigabe gekommen ist.[109]

Am 5. Februar ist im Palais Royal der Teufel los: Ganz Paris will den *Tartuffe* sehen. Hunderte kriegen keinen Platz mehr. La Grange notiert die Rekordeinnahme von 2860 Livres. Jetzt wäre ein Dankgedicht fällig, gewichtiger als die Satire nach der gewährten Pension im Jahre 1663. Was aber tut Molière in seinem Übermut? Er schickt dem König eine dritte Bittschrift:

Sire! Ein tüchtiger Medizinmann, bei dem ich die Ehre habe, krank zu sein, hat mir versprochen, mich noch 30 Jahre leben zu lassen, wenn ich

«Wer ist Amphitryon, wer Jupiter?» Szenenbild aus einer Aufführung des «Amphitryon» im Thalia-Theater Hamburg, 1947

es zuwege bringe, ihm eine Gnade Eurer Majestät zu verschaffen.[110] Dann bittet er für den Sohn seines befreundeten Hausarztes Mauvillain um die freigewordene Stelle eines Kanonikus, und schließt, was fast wie Hohn klingt, *daß er die Antwort mit respektvoller Hoffnung erwarte.* Doch Ludwig reagiert souverän. Er erfüllt die Bitte und beehrt den witzigen Autor bald mit einem neuen Auftrag.

Die Genugtuung, endlich sein «Herzstück» durchgesetzt zu haben, kann Molière nicht darüber hinwegtäuschen, daß noch so viele Aufführungen des *Tartuffe* Frankreich nicht um einen Heuchler ärmer machen werden. Darum – und wohl auch, um mit sich selbst ins reine zu kommen – nimmt er in einem Vorwort zur Buchausgabe noch einmal zu den Problemen Stellung, die den Sinn seines Lebens ausmachen:

Hier haben Sie eine Komödie, um die es gewaltigen Lärm gab, und die lange ungerecht verfolgt wurde. Die Leute, die sie vorführt, haben deutlich gezeigt, daß sie in Frankreich mächtiger sind als alle, die ich bisher auf die Bühne brachte. Die Marquis, die Preziösen, die Gehörnten und die Ärzte haben ihre Darstellung stillschweigend hingenommen und taten so, als ob sie sich mit allen anderen über ihre Spiegelbilder amüsierten. Die Heuchler jedoch verstanden keinen Spaß. Im Nu aufgescheucht, fanden sie es unerhört, daß ich mich erkühnt hatte, ihnen ihre eigenen Fratzen vorzuhalten und jenes Spielchen in Verruf zu bringen, bei dem so viele ehrenwerte Leute mitmischen. Dieses Verbrechen verziehen sie mir nicht und zogen mit entsetzlicher Wut gegen mein Stück zu Felde. Sie hüteten sich natürlich, die Stelle anzugreifen, die ih-

re Wunde bloßlegt. Dafür sind sie zu politisch und viel zu lebensklug, um sich auf den Grund ihrer Seele blicken zu lassen. Ihrer löblichen Gepflogenheit nach bemänteln sie ihre Interessen mit Gott; ihrer Meinung nach ist der «Tartuffe» also ein Stück, das die Frömmigkeit verletzt ...
Ich gebe zu, es hat Zeiten gegeben, in denen die Komödie korrumpiert war. Aber was in dieser Welt wird nicht täglich korrumpiert? Es gibt kein Ding, und sei es noch so rein, aus dem die Menschen nicht ein Verbrechen machen könnten, keine noch so segensreiche Kunst, deren Ziel nicht ins Gegenteil verkehrt werden könnte. Nichts ist so, in sich gefestigt, gut, daß es vor Mißbrauch sicher wäre ...
Wenn es Aufgabe der Komödie ist, die Laster der Menschen anzuprangern, sehe ich nicht ein, wieso es privilegierte Ausnahmen geben soll? Und das, worum es hier geht, wird unserem Staat in seiner Konsequenz viel gefährlicher als alle anderen. Und haben wir nicht erlebt, wie das Theater die große Tugend besitzt, auf Verbesserung hinzuwirken? Die schönsten Moralpredigten haben sehr oft weniger Kraft als eine Satire. Nichts nimmt Menschen mehr mit, als eine leibhaftige Beschreibung ihrer Fehler. Laster haben es gar nicht gern, vor aller Welt schallendem Gelächter preisgegeben zu werden. Man läßt sich lieber tadeln als verspotten. Man macht sich nichts daraus, böse zu sein, aber keinesfalls will man lächerlich erscheinen ...
Das ist wohl der Gipfel der Tugend, zu der sich unsere Seele emporranken soll: gänzliche Gefühllosigkeit. Ich zweifle nur, daß eine solche Vollkommenheit in der Kraft der menschlichen Natur liegt. Ich weiß nicht, ob es nicht besser wäre, die menschlichen Leidenschaften zu läutern und zu mildern, als sie völlig abschaffen zu wollen.
Ich räume ein, daß man edlere Orte besuchen kann als ein Theater. Wenn man alles mißbilligen wollte, was nicht direkt Gott und unser Seelenheil betrifft, dann gehört das Theater dazu, dann finde ich es durchaus richtig, wenn man es verdammt, wie alles übrige.
Vorausgesetzt aber – wie es ja tatsächlich ist –, daß unsere Bußübungen Pausen zulassen, ja, daß der Mensch Erheiterung braucht, behaupte ich: ein unschuldigeres als das Theater kann man nicht finden.

Nach dem Sieg kommt die große Leere. Molière ist erschöpft. Er kann keinen neuen Plan fassen, ihm fällt nichts ein. Dennoch kommt er nicht zur Ruhe. Die Arbeit am Theater geht pausenlos weiter. Drei Wochen nach der *Tartuffe*-Premiere stirbt sein Vater. Waren Madeleine und Armande bei der Beerdigung? Mit seiner Frau wechselt Jean-Baptiste kein privates Wort mehr. Pierre Mignard hat den «Dome de Val-et-Grâce» mit Deckengemälden versehen. Molière schreibt ein Huldigungsgedicht für ihn, um seinen Freund im Kampf gegen den allmächtigen Präsidenten der Akademie Le Brun zu unterstützen. Mignard ist kein Michelangelo und Molière kein Petrarca. Die 366 belanglosen Verse verraten lediglich, daß Molière ein solides, aber ganz konventionelles Kunstverständnis besitzt. Aus seiner literarischen Lethargie weckt ihn ein neuer Auftrag des Königs. Mitte September beginnt die Jagdsaison für die Grandseigneurs in Chambord, beginnen für die Komödianten die Proben. Molière hat eine Ballett-Komödie gezaubert: *Monsieur de Pourceaugnac*, die im Herbst den Hof entzückt, im Winter die Stadt. Es

Max Pallenberg als Harpagon in «Der Geizige». Inszenierung von Max Reinhardt, Berlin 1917

ist nicht mehr als ein turbulenter Spaß, aber einen solchen Spaß soll Molière erst einmal einer nachmachen. Weswegen Denis Diderot sehr richtig bemerkt: «Wer da meint, es gäbe mehr Menschen, die fähig wären, den *Marquis de Pourceaugnac* zu schreiben, als solche, die den *Misanthropen* dichten, irrt sich gewaltig.»[111]

Kaum ist die Truppe in Paris, hängt der Theaterhimmel wieder voller Wolken. Eine davon entlädt sich in einem Gewitter, dessen Blitzauslöser

Donneau de Visé ist. Der einstige Feind hat sich, mit Molières steigendem Ruhm, an den Bühnenleiter herangemacht und ist fast so etwas wie ein kleiner Hausautor geworden. Vielleicht bildet der mit allen Wassern gewaschene Journalist sich ein, ein zweiter Molière zu werden? Seine erste Komödie «Die kokette Mutter» hat es in vier Jahren auf 28 Vorstellungen gebracht, die nächsten drei liefen auch noch ganz gut, aber dann war es aus. Jetzt, 1669, ist «Les maux sans remède» ein glatter Durchfall. Die zweite Vorstellung schon spielt vor fast leerem Haus. Natürlich setzt Molière das Stück sofort ab. Wütend verläßt, nach einem heftigen Streit, der gekränkte Autor das Palais Royal und schwört Rache. Im «Mercure galant», dessen Chefredakteur de Visé ist, wird Molière weiterhin gelobt. Will der raffinierte Literat sich ein Alibi verschaffen? Hat er vielleicht sich hinter einem Strohmann verborgen?

Januar 1670 erscheint eine Komödie im Druck, die Molière in peinlichster Weise bloßstellt: «Elomire hypochondre ou les médicins vengez» (Der Hypochonder Elomire oder die gerächten Ärzte).[112] Der Verfasser nennt sich Le Boulanger de Chalussay. Das Anagramm Elomire für Molière hat Donneau de Visé 1662 in seiner Kritik über *Die Schule der Frauen* geprägt. Chalussay ist offensichtlich ein Pseudonym (chalaze ist der Hahnentritt, bedeutet aber auch innere Nabelschau). Zwar hat die Molière-Forschung einen Boulanger als obskuren Autor eines anderen Poems aufgespürt, aber der Name Bäcker ist ja nun nicht allzu selten. Und Madeleine Jurgens hat einen Chalussay ausfindig gemacht, dessen Frau als kleines Kind mit Molière gespielt haben soll. Woher aber hat der Mann alle Interna aus dem Palais Royal, die Intima aus Molières Privatleben und die genaue Kenntnis seines Werdegangs? Dies alles kommt nämlich in dem Stück vor. Zum Leidwesen vieler Molièristen ist «Elomire» die einzige Quelle, die uns unter anderem die Geschichte von Molières Anfängen in Paris schildert. Darum kann man auf das Pamphlet nicht verzichten. Man benutzt es «mit allem Vorbehalt» und der Ausrede vor sich selbst, «daß die Augen des Hasses eben oft schärfer sehen als die liebender Freundschaft». Im übrigen ist es natürlich ein «elendes Machwerk». Sonderbar nur, daß Molière vor einer miserablen Komödie solche Angst bekommt, daß er sie – da die Schrift mit einer königlichen Druckerlaubnis erschienen ist – verbieten läßt. (Unklar ist, wie das möglich war – gab es ein Personenschutz-Gesetz?) Übrigens kann die Komödie schon darum so schlecht nicht sein, weil Molière eine Prügelszene daraus im *Bürger als Edelmann* kopiert. Nein, Molière hat, im Gegensatz zu einigen seiner kritiklosen Anbeter der Nachwelt, sehr wohl erkannt, daß er, der sonst Bogenschütze war, hier zur Zielscheibe geworden ist, daß hier mit vergifteten Pfeilen geschossen und leider auch gut gezielt wurde, so daß dieser bühnenwirksame Schwank eine ernste Gefahr für ihn bedeutet. Schon das Vorwort verrät den Profi:

Der Verfasser weist darauf hin, daß Elomire, der ja alle Meister der Komödie übertreffen wolle, versprochen habe, nachdem er so viele Leute lächerlich gemacht, auch ein Porträt von sich selbst zu liefern. In demselben Theater, in dem er die anderen karikiert habe, hätte er, in al-

Frank Wedekind als Tartuffe, Berlin 1906. Regie: Max Reinhardt

Szene aus «Monsieur de Pourceaugnac». Stich von Joullain nach Charles Antoine Coypel

ler Öffentlichkeit – es sei aber schon lange her – ausdrücklich betont, er wolle sich selbst spielen und das werde ein Meisterwerk in seiner Art werden! «Ich wartete voll Ungeduld, wie alle Neugierigen», schreibt der Autor weiter, «auf dieses außerordentliche und so erwünschte Schauspiel, bis ich dahinter kam, daß der famose Maler – aus Gründen, die mir nicht bekannt sind, ich aber leicht erraten kann – sein Bild einfach mit dem Schwamm ausgewischt hat. Ich muß gestehen, die Nachricht hat mich überrascht. Ich bin ganz betroffen. Wie gern hätte ich dieses Bildnis, nach der Natur und noch dazu vom Künstler, einem so großen Künstler, selbst gezeichnet, gesehen! Wieviel Freude hatte ich mir davon erhofft! Schließlich mußte ich mich, wie alle anderen, mit dem Verlust trösten. Um mir das zu erleichtern, habe ich dieses Porträt in meiner Phantasie nachgestaltet; daraus ist das geworden, was ich hier der Öffentlichkeit vorstelle. Sollte Elomire finden, daß es weit unter seinem Niveau ist und eine solche Kopie ein so großes Original nur entstellen kann, wird es ihm ja ein Leichtes sein, meine Vermessenheit auf ein vernünftiges Maß zu bringen und – da er ja weiß, wie man so etwas macht – sein ausgelöschtes Porträt wiederherstellen und es ans Tageslicht bringen! Dann kann mir das Publikum nur dankbar sein für das Vergnügen, das ich ihm verschafft habe.» – Hat das ein Dilettant geschrieben?

Eine groteske Situation: der Mann, dessen Metier es ist, die Lächerlichkeit von Menschen, die sich einbilden, ernsthafte Leute zu sein, im Bühnenlicht transparent zu machen, sieht seine Position gefährdet: um lächerlich machen zu können, muß er ernst genommen werden und darf nicht selbst zum Gespött werden. Es bleibt ihm kein anderer Weg als die Flucht nach vorn; den Gegnern allen Wind aus den Segeln nehmen. Dieser namenlose Herr Chalussay fordert ihn ja geradezu heraus, ein Selbstbildnis zu produzieren. Molière nimmt den Fehdehandschuh auf. So, auf fast erpresserischem Umweg, ist der *Malade imaginaire* zur Welt gekommen.

MAMAMOUCHI

> «Es ist nicht zu leugnen, daß das Wort Nonsense, wenn es mit gehöriger Nase und Stimme gesprochen wird, etwas hat, das selbst den Wörtern Chaos und Ewigkeit wenig nachsteht.»
> Lichtenberg

Die künstlerische Ehe zwischen Molière und Lully läßt sich mit der zwischen Richard Strauss und Hugo von Hofmannsthal am Anfang unseres Jahrhunderts vergleichen. Ihre gemeinsamen Produktionen sind epochale Kulturereignisse. Die Ballett-Komödien sind das Modernste, was das Theater im Barock zu bieten hat. Diese «Königlichen Divertissements» sind das Entzücken der elitären Hofgesellschaft – bis Molière, trotz der enormen Kosten, versuchen wird, auch sie auf seiner Stadtbühne dem Volk vorzuführen. An «Les amants magnifiques» sind Lully, Vigarini und Beauchamps, der Meister der Galanterie, beteiligt. Der Text ist hier das am wenigsten Bedeutende. Der Höhepunkt dieser Serie ist *Le Bourgeois Gentilhomme* (*Der Bürger als Edelmann*). Ludwig hat Molière eine Anregung gegeben. Er möchte gern ein Stück mit komischen Türken haben; eine türkische Gesandtschaft hat sich nämlich in Paris albern benommen. Molière hat aber gerade seinen bildungs- und adelbesessenen Bürger in Arbeit. Wendig, wie er ist, läßt er das Stück in einem Türkenpopanz münden. Der Held des Stücks, Monsieur Jourdain, ist – bis auf die stereotype Marotte aller Molièreschen Väter, ihre Tochter falsch verheiraten zu wollen – ein liebenswerter Narr. Alle Hauptfiguren des Dichters sind von ihrem Tick geblendet und fallen auf die unglaublichsten Streiche, die man ihnen spielt, herein. Wie Jourdain sich zum «Mamamouchi», zum Würdenträger und Schwiegervater des angeblichen Mufti, machen läßt, das macht diese Karnevalsmaskerade zu einem Kabinettstück skurrilen Humors. Und das Kauderwelsch:

Alabala crociam acci boram albamen,
Catalequi tubal ourin soter amalouchan

nimmt es mit Morgensterns «Kroklokwafzi Semememi» des «Großen Lalula» auf.

Am 30. Juli 1670 wird der Hof durch den plötzlichen Tod der erst sechsundzwanzigjährigen Henriette von England, der Schwägerin des

Aus «Der Bürger als Edelmann».
Württembergisches Staatstheater Stuttgart, 1964.
Regie: Günther Rennert

Königs, in Schrecken versetzt, und Molière verliert eine große Gönnerin. Louis Béjart, dem sein Beinleiden immer mehr zu schaffen macht, scheidet aus der Spielgemeinschaft aus. Er bezieht 1000 Livres Pension, «um anständig leben zu können». Dafür ist Michel Baron wieder da, durch eine lettre de cachet zurückgeholt. (Auf Betreiben Molières? Und wenn, auf welchem Wege ist ihm das gelungen?) Wie bei den meisten Vorgängen in dieser Lebenskomödie lassen sich mit knapper Not einige Tatsachen eruieren, die Hintergründe aber bleiben verschleiert.

Baron hat ein Ehepaar aus der Provinz mitgebracht. Die Frau, Jeanne Beauval, hat Molière schon vor Jahren, als sie im Marais spielte, als vielseitige Begabung erkannt. Er engagiert sie mit Freuden, muß aber auch ihren Mann, einen mäßigen Schauspieler, mit in Kauf nehmen, will ihm aber nicht den ganzen Anteil eines Vollmitgliedes der Spielgemeinschaft zugestehen. Man einigt sich auf anderthalb Anteile, wovon die Beauvals jedoch die Hälfte der Pension für Louis Béjart (500 Livres) tragen müssen. Praktisch spielen also beide für einen Anteil. Molière hat sich hier als geschäftstüchtiger Direktor erwiesen. Die Beauval ist, was man unter Komödianten eine «Lachwurzen» nennt (Schauspieler, die auf der Bühne leicht zum Lachen zu bringen sind und dann nicht aufhören können). Prompt schreibt ihr Molière im *Bürger als Edelmann* eine großartige Lachszene.

DIE SCHATTEN WACHSEN

> «Alle Scherze, die aus der Kenntnis der
> menschlichen Natur hervorgehen,
> sind im letzten Ende traurig.»   Madame de Staël

Ist es das Werk der Freunde, die nicht mehr mitansehen können, wie Molière, so wenig er es auch zugeben will, unter der Trennung von seiner Frau leidet, oder hat die treue Freundin seines Lebens, Madeleine, ihre Hand im Spiel? Sie kränkelt in letzter Zeit und hat fromme Anwandlungen. Ob mit oder ohne fremde Hilfe: Jean-Baptiste versöhnt sich mit Armande. Und da auch Michel Baron, der geniale Junge, zurückgekehrt ist, schafft der Dichter, aus Dankbarkeit, die zwei Menschen wieder bei sich zu haben, die er ins Herz geschlossen hat, für sie ein Liebespaar, das alle Welt bewundern wird: Amor und Psyche. La Fontaine hat die antike Sage in einem Roman nacherzählt. Danach entwirft Molière ein Stück, kommt jedoch nicht damit zurecht. Corneille springt ein. Dritter im Bunde: Quinault; er schreibt die Gesangsverse, Molière die Lieder im Prolog. Auch Lully fügt, außer der Musik, noch Reimereien bei. In drei Wochen ist das Gemeinschaftswerk vollendet. Vieler Köche Brei, aber das tut nichts. Die Zauberdekorationen, die Ballette und vor allem die großartige Inszenierung von Molière machen die Texte zur Nebensache. Und alles ist des Lobes voll über Armande und Baron, die in der Erscheinung und Spiel das ideale Liebespaar sind. Sie fangen selbst an, das zu finden, auch außerhalb der Bühne. *Psyche* wird ein Sensationserfolg für drei Jahre mit 84 Vorstellungen.[113]

Scaramouche ist von seinem letzten Heimatausflug endgültig nach Paris zurückgekehrt. Die alte Freundschaft wird erneuert. Nur ist es störend, daß der Italiener Publikum abzieht. Also macht Molière ihm Konkurrenz und verfaßt eine Farce im Stil der commedia dell'arte. *Scapins Streiche*, am 24. Mai 1671 uraufgeführt, erbringen nicht den erwarteten Kassenerfolg. Mit achtzehn Vorstellungen liegen sie tief unter dem Durchschnitt. «Le cour et la ville» – Hof und Stadt erwarten von Molière etwas anderes als Hanswurstiaden. Dabei läßt Scapin in diesem wirbelnden Schelmenspiel eine Rede vom Stapel, mit der Molière es Racine zeigen will: treffsichere Satire der Justiz, wozu du eine ganze Komödie brauchst, das schaff ich in drei Minuten! Auch Boileau hat für so herrlich unliterarisches Theater kein Verständnis und «erkennt in dem

Sack Scapins den Autor des *Misanthrop* nicht wieder»¹¹⁴. Molière nimmt sich das zu Herzen und verfaßt eine seriöse Komödie. Wahrscheinlich haben er und Boileau die Idee gemeinsam ausgeheckt. Der redegewaltige Kanzelredner Cotin hat eine Streitschrift gegen Boileaus «Satire der Satiren» verfaßt. Worauf Molière den frommen Dichterphilosophen in seiner Verskomödie *Die gelehrten Frauen* unsterblich blamiert. Außer der Streitszene zwischen Trissotin (Dreifachdummkopf)¹¹⁵ und seinem ebenso eitlen Dichterkollegen Vadius sind die *Gelehrten Frauen* ein wenig langweilig. Molière hat das Preziösenproblem wieder aufgenommen, aber nicht in den Griff gekriegt. Die drei wissensdurstigen Damen sind zu wenig repräsentativ, um das Problem der Emanzipation diskussionsfähig vertreten zu können, und zu wenig Karikatur, um zu amüsieren.¹¹⁶

Illustration zu «Psyche»

Abbé Cotin

Hier zeigt sich Molières Schwäche: weil er nichts richtig ernst nimmt, kann er Prinzipielles nicht überzeugend vortragen.[117] Im Grunde ist er ja ein Sympathisant der Preziösen. Wer hat denn mehr als er zur Wohlanständigkeit auf dem Theater und zur Veredelung der französischen Sprache beigetragen?

Noch einmal gibt es ein großes Gastspiel in Saint-Germain-en-Laye. Der verwitwete Herzog von Orléans hat wieder geheiratet, und zwar eine bayrische Prinzessin. Dieser deutschen Dame, Liselotte von der Pfalz, soll nun ein «Ballett der Ballette» vorgeführt werden, ein Potpourri aller Tanzspiele der letzten Jahre. Molière erhält den Auftrag, dafür ein kurzes Mittelstück zu schreiben. *Die Gräfin von Escarbagnas* wirkt wie eine blasse Schwester Jourdains, des adelsüchtigen Bürgers.

Während einer Festvorstellung auf dem Schloß erfahren Armande und Jean-Baptiste, daß Madeleine Béjart am 17. Februar in Paris gestorben ist. Armande ist Universalerbin, Testamentsvollstrecker Pierre Mignard. Wie sehr und wie lange das Paar getrauert hat, weiß man nicht.[118]

Das Jahr 1672 ist voller Aufregungen. Es gibt eine Reihe ärgerlicher Prozesse, unter anderem macht die Witwe seines verstorbenen Bruders Poquelin den Anspruch auf das Amt des «Tapissier du Roy» streitig. Sein alter Protektor La Mothe Le Vayer stirbt mit 91 Jahren. Seine Schwägerin Géneviève, seit einem Jahr Witwe, heiratet Jean-Baptiste Aubry, den Sohn des braven Mannes, der vor 23 Jahren die Auffahrt vor dem «Illustre Théâtre» gepflastert hat. Im Theater gibt es im Oktober einen Krawall mit Skandalierern. Aber auch internen Ärger, sogar mit dem treuen La Grange, der die Garderobiere der de Brie, die dreiunddreißigjährige Marie Raguenot (Marotte) heiratet und einen Anteil für sie fordert, da sie künftig auftreten soll. Man einigt sich auf einen halben, versöhnt sich und Molière ist am 12. Dezember bei ihren Zwillingen

Pate. (Zwei Mädchen, die kurz nach der Taufe sterben).

Aber der Hypochonder Molière hat in den letzten Monaten auch euphorische Anwandlungen. Bis zur Erschöpfung gibt er sich aus, um Armande wieder ganz für sich zu gewinnen. Durch die Erbschaft von Madeleine hat das Paar Geld im Überfluß. Ein großes Haus wird gemietet und prunkvoll ausgestattet. Er erfüllt ihr und sich alle luxuriösen Wünsche: Molière als Monsieur Jourdain! Armande zuliebe gibt er sogar seine Milchkur auf, verzichtet auf seine Diät, trinkt wieder Wein und ist schwere Speisen, die sie liebt und ihm schlecht bekommen. Seine letzte große Freude erlebt er am 15. September. Armande bringt einen Sohn zur Welt. Voller Vaterstolz läßt er den Knaben auf den Namen Jean-Baptiste-Armand taufen, als Zeichen ihrer Wiedervereinigung. Signum des Schicksals: das Unterpfand der neuen Liebe stirbt drei Wochen später. Und noch einen Freund verliert Molière, wenn auch nicht durch Tod.[119]

Die beiden Jean-Baptistes, Molière und Lully, haben, vom Erfolg ihrer Ballett-Komödien inspiriert, den Plan einer musikalischen Akademie entwickelt und ihn gemeinsam eingereicht. Plötzlich erhält der Direktor des Theaters im Palais Royal eine offizielle Order, wonach er in Zukunft nur noch zwei Sänger und sechs Musiker zu beschäftigen habe. Unterzeichnet ist das Schreiben mit «Lully». Der intrigante Italiener hat sich beim König in Gunst gesetzt und das Monopol erschlichen, über sämtliche Musikaufführungen willkürlich bestimmen zu dürfen. Molière protestiert – und erhält gnädigst die Erlaubnis, sechs Sänger und zwölf Musikanten einsetzen zu dürfen. Wie soll er mit so wenigen künstlerischen Kräften das große Huldigungsballett für den König in Szene setzen, das er seiner neuen fünfaktigen Komödie vorangestellt hat? Und warum ruft der König, der aus dem Feld zurück ist, ihn nicht zu sich?

Der Berg geht zum Propheten. Molière wird jedoch nicht vorgelassen. Das hat er noch nie erlebt. Hat sich denn alles gegen ihn verschworen?

Er magert ab, wird immer bleicher, regt sich über jede Kleinigkeit auf. Er bekommt hysterische Anfälle. Sein Husten wird beängstigend. Unter solchen Bedingungen beginnen Mitte Dezember die Proben für *La Malade imaginaire* (*Der eingebildete Kranke*).

DER SCHWANENGESANG

> Molière ist es immer geglückt, über alle sich lustig zu machen,
> Jeden hat er gespielt, in der oder jener Verkleidung.
> Und um zum Schluß noch sein Werk konsequent zu vollenden,
> Spielt er sich selber sogar – und daran ist er gestorben.
> Nach einem lateinischen Epitaph

Ende 1672 und Anfang 1673 erreicht die Hektik im Leben Molières ihren Höhepunkt. Mit seinem neuen Lustspiel, das für den Karneval gedacht ist, will er «le cour et la ville», will er Hof und Stadt zeigen, daß er der Größte ist. Vor allem will und muß er sich die Gunst des Königs zurückerobern. Zu diesem Zweck hat er turbulente Zwischenspiele, ganz im Geschmack Ludwigs, gedichtet und einen großen Prolog, in dem er dem Herrscher schmeichelt wie noch nie. (*Ludwig ist der größte König! Glücklich, glücklich, wer ihm sein Leben weihen kann!* [120]) Akribisch bespricht er jedes Kostüm mit Baraillon, die Ballettszenen mit Beauchamps, die Musik mit Charpentier. Aber kein Ruf kommt aus Versailles. Angeblich soll sich Ludwig an dem Thema des Stücks gestoßen haben. Der siegreiche Monarch will keine Krankenstube besuchen.

Traurig schließt sich das Jahr. Am letzten Tag stirbt sein altvertrauter Weggenosse Jacques Rouhault. Im Januar läuft das Theater auf vollen Touren. Neben den *Gelehrten Frauen* gibt es eine Festvorstellung für Monsieur und Madame (Herzog von Orléans und Liselotte von der Pfalz). Dazwischen wird ein zweites Stück einstudiert – von de Visé!

Madeleine Béjart als Venus.
Ausschnitt aus dem Gemälde «Mars und Venus» von Pierre Mignard

Gab es eine Versöhnung? Will sich Molière die Geneigtheit des dramenschreibenden Kritikers sichern? Doch «Die ungetreuen Gatten» Visés werden eine Pleite, bringen es mit Mühe auf vier Vorstellungen. Dagegen erlebt am Tage der Premiere das Hôtel de Bourgogne einen Triumph ohnegleichen: «Mithridate» von Racine ist, mit seinem galanten Heroismus, so recht das Stück der Stunde, das Prunkstück für eine höfische Veranstaltung. Der König läßt sich die Tragödie auch gleich in Saint-Germain vorspielen und ist begeistert. Und noch etwas muß wie ein Stich ins Herz auf Molière gewirkt haben: am 12. Januar ist Racine Mitglied der Académie française geworden. Außerdem ist die jährliche Pension für 1672 noch nicht gezahlt worden. Hat Ludwig sie gestrichen?

Zu den erdrückenden künstlerischen kommen die Anforderungen des Tages: am 25. Januar verheiratet er die kleine Cathérine Reveillon, einen besonderen Schützling; am gleichen Tag muß er, wegen eines zwei Jahre zurückliegenden Hausverkaufs an seinen verstorbenen Bruder, zum Notar. Wieder ein Skandal im Theater, ein Rüpel wirft eine brennende Pfeife auf die Bühne, übermütige junge Pagen randalieren.

All das zerrt an seinen Nerven. Doch er zwingt dem geschwächten Körper seine letzte Energie ab. Hätte er auch nur eine Sekunde Zeit für seelischen Kummer, er würde zusammenbrechen. Denn er ist ja nicht blind. Aber er will nicht sehen, will nicht wissen, daß die zwei Menschen, die er liebt, daß Armande und Michel Baron ihn betrügen.

Jetzt ist Molière am Ende wirklich, was er am Anfang seiner Laufbahn nur in der Maske war: ein Barbouillé, ein Angeschmierter! So mögen die anderen ihn sehen. Er wird den Menschen zeigen, wie er sich sieht. Er weiß: er ist ein Narr wie alle! Er wird ihnen das Bild liefern, das Chalussay von ihm gefordert hat. Aber er ist Molière und nicht Elomire. Sie sollen über ihn lachen, aber nach seinem Willen! Und sie sollen sehen, wie er über sich selbst lacht.

Während der letzten Proben zum *Malade imaginaire* wird noch schnell ein Kurzprolog gedichtet:

Ihr eitle, wenig kluge Medizinerpest,
Packt euer eingebildetes Wissen ein!
Der Schmerz, der mich verzweifeln läßt,
Den heilt ihr nicht mit euerm hohen Latein! [121]

«Am Freitag, den 10. Februar hebt sich der Vorhang für das neue Stück *Der eingebildete Kranke*, Komödie mit ansehnlichen getanzten und gesungenen Zwischenspielen von Charpentier und Beauchamps. Paris ist enthusiasmiert. Die Einnahme des ersten Abends beträgt nach Hubert 1892, nach La Grange 1992 Livres.» Molière kann mit dem Erfolg zufrieden sein.

Schon der Eingangsmonolog Argans ist aus dem Leben gegriffen. (Im Nachlaß des Dichters finden sich ähnliche Apothekerabrechnungen.) Die Keifszene mit Toinette, der «Vernunft als Hausmannskost», hat sich wahrscheinlich mit seiner Wirtschafterin Laforest (der er angeblich seine Stück vorlas, wie eine unausrottbare Anekdote behauptet) oft genug in ähnlicher Weise abgespielt.

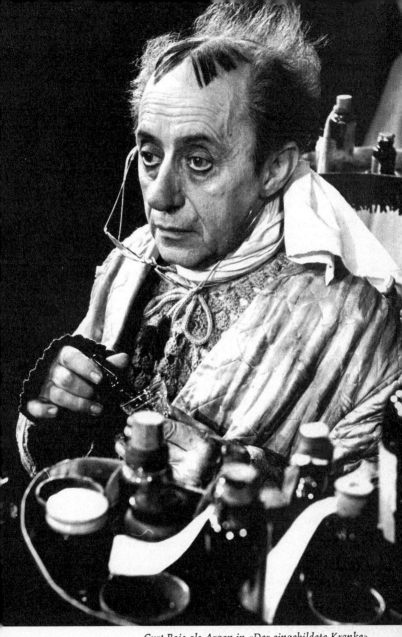

*Curt Bois als Argan in «Der eingebildete Kranke».
Deutsches Schauspielhaus Hamburg, Januar 1964*

Noch eine andere Szene trägt den Stempel des Erlebten. Argan fragt seine kleine Tochter aus, was im Zimmer der großen Schwester los war. Goethe sagte darüber zu Eckermann: «Was bringt Molière durch allerlei retardierte Motive in diese Examination für Leben und Wirkung, indem er die kleine Louison zuerst tun läßt, als verstehe sie ihren Vater nicht; dann leugnet, daß sie etwas wisse; dann, von der Rute bedroht, wie tot hinfällt; dann, als der Vater in Verzweiflung ausbricht, aus ihrer fingierten Ohnmacht wieder schelmisch-heiter aufspringt und zuletzt nach und nach alles gesteht.»[122] Von solchen Szenen sagt man, sie sind vom lieben Gott abgeschrieben. Unverständlicherweise wird sie in den meisten deutschen Inszenierungen gestrichen. Bei der Uraufführung in Paris spielt ein Töchterchen der Beauval (die Mutter darf als Toinette wieder nach Herzenslust lachen) die kleine Louison und bekommt, als sie aufspringt und sagt: *Nun weine man nicht, Papa! Ich bin ja nicht ganz richtig tot!* [123] Sonderapplaus.

Für uns ist die Szene das einzige Zeugnis dafür, daß der Mann, der nie Zeit hatte, vielleicht doch mitunter, und sei es eine halbe Stunde, mit seiner siebenjährigen Esprit-Madeleine gespielt hat. Unterdrücken wir die Frage, ob auch der Text Argans erlebt ist: ob Jean-Baptiste in seiner Eifersucht Armande durch sein Töchterchen hat bespitzeln lassen? Die Mutter freilich hat sich um ihre Tochter nie sehr gekümmert; Komödiantenkinder sind halbe Waisen.

Noch ein Wort Argans ist ausgesprochen privater Text. Wenn Toinette zu ihm sagt: *Das bringen Sie gar nicht übers Herz. Dazu sind Sie viel zu gutmütig!* und Argan ausbricht: *Ich bin gar nicht gutmütig! Ich kann fuchsteufelswild sein, wenn ich will!*

Die Ärzte zu verspotten machte Molière schon immer Spaß. Im *L'Amour médecin*, im *Médecin malgré lui*, im *Monsieur Pourceaugnac*. Aber das waren Bagatellen. Jetzt aber, in seinem Schwanengesang, gibt er sie als Diafoirus Vater und Sohn (Nichtsmacher, Nichtskönner?), als Purgon (Dr. Abführmittel) der ganzen Lächerlichkeit preis. Im dritten Akt wird der Spaß unterbrochen. Argan führt mit seinem älteren Bruder Béralde ein Gespräch, in dem er diesen seine eigene Meinung über den kranken Menschen, die helfende Natur und die Hilflosigkeit der ärztlichen Wissenschaft aussprechen läßt.

Argan: *Weshalb, lieber Bruder, willst du bestreiten, daß ein Mensch einen anderen heilen könne?*
Béralde: *Aus dem einfachen Grund, Bruderherz, weil nämlich die Triebfeder unserer Maschine bisher immer noch eine Kette von Geheimnissen ist, bei denen die Menschen im dunkeln tappen, und weil uns die Natur allzu dichte Schleier vor die Augen gehängt hat, als daß wir irgend etwas genau erkennen können . . .*
Argan: *Was also soll man, deiner Meinung nach, tun, wenn man krank ist?*
Béralde: *Gar nichts.*
Argan: *Gar nichts?*
Béralde: *Nein, gar nichts. Man soll sich nur still verhalten. Lassen wir die Natur gewähren, so wird sie sich ganz von selbst wieder zurecht-*

finden. Einzig unsere Ängste, unsere Ungeduld verpfuschen alles, und nahezu alle Menschen sterben an den Arzneien, die sie schlukken, und nicht etwa an ihren Krankheiten.

Das Gespräch unterbricht das Spiel, doch das Thema erscheint dem Autor eben «lebenswichtig». Er wäre nicht Molière, wenn dann nicht doch wieder der Kaspar aus dem Kasten spränge! In diesem Fall erscheint Apotheker Fleurant mit der Klistierspritze. Die nächsten Vorstellungen versprechen dem Stück einen Serienerfolg. Doch dann kommt der Tag der vierten Vorstellung.

DER SCHWARZE FREITAG

> Mascarillo, der lustige Kobold von einst,
> ist 20 Jahre später zur festen Grimasse des
> Grauens vor dem Absurden geworden, hinter
> der Verzweiflung, Wahnsinn oder Tod steht.
> Der «Malade imaginaire» der Bühne wurde vom
> Tod erlöst, ehe er dem Chaos anheimfiel.
> C. S. Gutkind

Grimarest erzählt, Molière habe am Morgen des 17. Februar gesagt: *So lange mein Leben ständig eine Mischung aus Schmerz und Lust war, konnte ich mich für glücklich halten. Aber heute, von Plagen übermannt, ohne mit einem Augenblick Ruhe und Behagen rechnen zu können, sehe ich ein, daß ich die Partie aufgeben muß. Ich kann gegen die Schmerzen und Enttäuschungen nicht mehr an, die mich ohne Unterlaß peinigen. Ach, was muß ein Mensch leiden, bevor er stirbt.*

Die Worte klingen echt. Er hat sie sicher einmal gesagt, in letzter Zeit – aber ausgerechnet an seinem Todestag? Eine andere Überlieferung: Als Armande und Baron ihm, seines jämmerlichen Zustands wegen, rieten, die Vorstellung abzusagen, habe er geantwortet: *Wie kann ich das? Fünfzig Arbeiter warten auf ihren Taglohn. Soll ich sie um ihr Brot bringen? Da müßte ich mir ja ewig Vorwürfe machen, wenn ich sie im Stich ließe, solange ich noch kann.*

Verantwortungsgefühl für Untergebene, Sozialbewußtsein sind im 17. Jahrhundert unbekannte Begriffe. Aber selbst wenn er sich so ausgesprochen hat, zeigen die Worte nur den Beweggrund auf der Oberfläche. Im Innern sind sie eine Ausrede vor sich selbst: er kann ja gar nicht anders. Er muß spielen bis zum letzten Atemzug. Und er spielt. Spielt als Todkranker einen scheinbar gesunden Menschen, der sich einbildet, krank zu sein, in Wirklichkeit aber ein Neurastheniker ist – genau wie der Mann, der ihn darstellt. Und legt sich im letzten Akt und fragt mit komischer Miene: *Ist das nicht lebensgefährlich, wenn man sich tot stellt?* Mit welch angstvoller Erregung müssen die Kollegen an diesem Nachmittag auf ihren Chef gesehen haben. Ob er durchhält? Immer wieder muß er husten, doch das paßt ja zur Rolle. Dann aber, zwei Minuten bevor der Vorhang fällt – während der urkomischen Verulkung der Ärztezeremonie – beim Worte «Juro», bekommt er einen Blutsturz. Die einen berichten, er habe es durch Lachen kaschieren können, andere, das Publikum habe es gemerkt. In jedem Fall hat er noch bis zu Ende gespielt.

Für das, was dann geschieht, ist man wieder nur auf Grimarest angewiesen. Molière kommt in Barons Garderobe und fragt, wie das Stück gelaufen sei? (So sind Schauspieler: Noch sterbend fragen sie: war ich gut?) «Ihre Werke haben doch immer den schönsten Erfolg, wenn man sie nur richtig kennt. Und je öfter sie gespielt werden, um so mehr gefallen sie», antwortet Baron. «Aber Sie sahen noch nie so schlecht aus!» – «Das ist wahr», sagt Molière, «ich habe eine Kälte in mir, die mich umbringt.» Baron fühlt seine eiskalten Hände, ruft einen Portier, besorgt eine Sänfte. Rasch wird der Kranke in seine Wohnung getragen. In seinem Zimmer will Baron ihm eine Bouillon bringen. Molière wehrt ab: «Die Suppen meiner Frau sind Scheidewasser für mich. Bringt mir lieber ein kleines Stück Parmesankäse!» Laforrest, die alte treue Dienerin, bringt ihm das Gewünschte. Er ißt es mit einem Bissen Brot und legt sich ins Bett. Kurz darauf schickt er sie zu seiner Frau, die ihm eine Droge zum Einschlafen versprochen habe. Im nächsten Moment muß er heftig husten, spuckt Blut und verlangt nach Licht. «Oh, das sieht schlecht aus», sagt er. Als Baron das Blut erblickt, schreit er auf. «Erschreckt Euch nicht!» sagt Molière zu ihm. «Ihr habt mich schon in schlimmerem Zustand gesehen! Immerhin, sagt meiner Frau, sie möchte heraufkommen!»

Bei ihm bleiben zwei fromme Schwestern, die ihn regelmäßig während der Fastenzeit besuchten und denen er Almosen für ihr Hospital gab. Sie pflegten ihn mit aller Güte und spendeten ihm im letzten Augenblick seines Lebens Trost, und er ließ alle Gefühle eines guten Christen erkennen und alle Ergebenheit in Gottes Willen. Endlich gab er in den Armen der beiden Nonnen den Geist auf. Blut trat in seinen Mund und erstickte ihn.»

Leider ist dieser Bericht frisiert. Der einzige Augenzeuge, dessen Aussage Grimarest formuliert, ist Baron, und der hat nur Interesse, seine Rolle möglichst herauszustreichen zu lassen. Jean Aubry, Molières Schwager, schickt in größter Besorgnis nach einem Geistlichen, der sich ebenso weigert, zu dem exkommunizierten Komödianten zu kommen, wie der nächste; ihre Namen sind Lenfant und Lechat. Erst der dritte Pfarrer, Paysant, läßt sich überreden. Doch der gute Landmann kommt zu spät. Wer hat Aubry verständigt? Von seiner Anwesenheit im Sterbezimmer ist nicht die Rede. Hat er aus sich heraus gehandelt oder hat ihn jemand beauftragt? Jean-Baptiste bestimmt nicht! Aus Existenzgründen hat Molière sein Leben lang, wenn auch lässig, die katholischen Riten befolgt. Keine Zeile von ihm ist religiös im tieferen Sinne. Niemand weiß, ob er an Gott geglaubt hat. Nur das ist gewiß: daß Thalia seine Göttin war. Der Gedanke, daß er als Christ habe sterben wollen, erscheint absurd. Die Formel, um als Komödiant die letzte Ölung und damit ein christliches Begräbnis zu erlangen, lautete: «Ich schwöre bei Gott dem Allmächtigen, daß ich – auch wenn er in seiner unendlichen

Die Seite aus dem Register von La Grange mit dem Bericht über Molières Tod

Güte mir die Gesundheit zurückgibt – bis zum Ende meines Lebens nie mehr Theater spielen werde!»

Wie klein macht man Molière, wenn man glaubt, diese Worte wären je über seine Lippen gekommen! Nein, er war kein Heuchler, er nicht! Er starb nicht salbungsvoll, sich nach dem Segen der Kirche sehnend. Er gab sich keiner Illusion hin, er wußte, daß er es nicht mehr lange machen würde. Aber mag es ihm an jenem schwarzen Freitag auch noch so schlecht gegangen sein: daß seine Stunde gekommen war, ist ihm sicher nicht bewußt geworden. Sonst hätte er bestimmt ein Testament gemacht. Hat er an Madeleine, sein einziges Kind, gedacht? Und an die große Madeleine, deren erster Todestag sich jährt?

Molières elendes Ende nicht zu beschönigen, nimmt ihm nichts von seiner Größe – im Gegenteil. Ist er jäh erstickt? Hat er es selbst gemerkt? Starb er genauso, wie er es, drei Stunden vor seinem Exitus, als Argan auf der Bühne aussprach, was er, wäre er Arzt, zu diesem Molière sagen würde: *Krepier! Krepier doch!*

Und wo war Armande? Wie zerrissen die Ehe schon wieder war, zeigt ihr Verhalten während seiner letzten Stunden. Sicher hat sie nicht mit seinem Tod gerechnet. Wie er ja selbst sagt: es hat oft schon übler ausgesehen. Aber wenn sie auch keine klare Vorstellung über die Bedeutung ihres Mannes hatte, sie wußte doch, daß er, nächst dem König, der prominenteste Mann in Paris war; und hatte sie nicht allen Grund, böse Zungen zu fürchten, wenn sie sich gleichgültig zu einem Schwerkranken verhielt? Aber warum hat sie ihn nicht nach Hause begleitet? Sie mußte sich erst umziehen? Unsinn! Wenn der Mann so krank ist, kann sie auch im Kostüm neben der Sänfte herlaufen. Und wann kam sie nach Hause? Warum ist sie dann nicht sofort zu ihm gegangen? Hat sie sich überhaupt nach seinem Befinden erkundigt? Oder war sie gar nicht zu Hause?

Als Baron aus dem Sterbezimmer stürzt, um sie zu holen: wie lange braucht er, um sie zu finden? Ein Stockwerk, wenn es heißt «Er stirbt!», stürzt man in Sekundenschnelle hoch. Aber als sie und Baron zurückkommen, ist Molière tot. Wie lange schon? Kein Bericht gibt darüber befriedigende Auskunft. So endet dieser mit Fragezeichen gepflasterte Lebensweg mit dem letzten großen Fragezeichen. – Wir wissen nicht, wie Molière gestorben ist.[124]

DIE KOMÖDIE GEHT WEITER

«Molière war ein Weltmoment
des menschlichen Gewissens.»
Anatole France an Émile Zola

Was sich an den Tagen nach des Dichters Tod, der Legende nach, in Paris abgespielt hat, wirkt wie ein Dokumentarspiel im Fernsehen. Da dem Komödianten ein christliches Begräbnis verweigert wird, eilt die empörte Witwe mit einer Bittschrift zum Erzbischof und wird abschlägig beschieden; sie fährt in ihrer Verzweiflung nach Versailles, wirft sich dem Sonnenkönig zu Füßen und erklärt ihm, wenn ihr Gatte gefehlt habe, sei er ja von ihm, der Majestät, dazu ermuntert worden. Ludwig entläßt sie ungnädig, bestellt aber den Bischof zu sich und fragt ihn, wie tief denn geweihte Erde eigentlich sei. Als der antwortet: «Drei Fuß, Sire», erwidert der gnädige Monarch: «Dann begrabt ihn halt vier Fuß tief!» Am Tag der Beerdigung versammelt sich vor dem Trauerhaus eine fanatisierte Menge, die nur zerstreut werden kann, indem Armande über 1000 Livres in kleiner Münze aus dem Fenster wirft.

Tatsache ist, daß der jansenistische Pfarrer François Loiseau, mit dem Molière oft in Auteuil freundschaftliche Gespräche geführt hat, der ratlosen und wahrscheinlich von Angst und schlechtem Gewissen geplagten Armande ein geschicktes Bittschreiben an den Erzbischof von Paris, Harlay de Champvillon, dem Nachfolger des verstorbenen Péréfixe, aufgesetzt hat, in dem er vorgibt, der Verstorbene habe den festen Willen gehabt, als Christ zu sterben und nur die Weigerung der beiden Priester habe das verhindert. Darauf die offizielle Antwort:

Unser Wille auf besagte Bittschrift: unter Rücksicht auf die von der auf unsere Anordnung erfolgte Untersuchung erbrachten Umstände, haben wir erlaubt, dem Körper des verstorbenen Molière auf dem Friedhof des Kirchspiels Saint-Eustache ein kirchliches Begräbnis zu geben – nichtsdestoweniger unter der Bedingung, daß es ohne Feierlichkeit geschieht, und mit nur zwei Priestern und nicht bei Tage, und daß keine feierliche Handlung für ihn in der Kirche Saint-Eustache noch anderswo vorgenommen wird, auch nicht in einer (anderen) ordentlichen Kirche, und daß unsere jetzige Erlaubnis ohne Präjudiz für die rituellen Regeln der Kirche sind, die wir nach Inhalt und Form bewahrt wissen wollen.
Gegeben zu Paris, den 20. Februar 1673.
Gezeichnet: Erzbischof von Paris.
Darunter: Monsieur Morange, mit Namenszug.[125]

Es gibt keine Unterlagen dafür, daß dieser Kompromiß durch Eingreifen Ludwigs XIV. zustande gekommen ist. Wenn man die Konsequenz des letzten Satzes betrachtet, kann man zu dem Schluß kommen: dieser Erlaß zur Genehmigung des kirchlichen Begräbnisses eines Exkommunizierten, der ohne den Segen der Kirche starb – als einmalige Ausnahme – ist doch eine Reverenz vor dem berühmten Mann. Ob freilich vor dem Dichter? Wenn wir den Memoiren des Herzogs von Saint-Simon Glauben schenken, war seine Magnifizenz, Harlay de Champvillon, ein berüchtigter Damenfreund – ein Tartuffe also. Heuchelei auch dies: wenn die Bestattungsgenehmigung, mit allen Einschränkungen, für M o - l i è r e vorliegt, daß offiziell der Tapezierer P o q u e l i n begraben wird

Am 21. Februar 1673 um 21 Uhr wird ein Holzsarg von der Rue de Richelieu zum Friedhof Saint-Eustache getragen. Zwei schweigende Priester schreiten voran. Zweihundert Menschen folgen dem Sarg, Fakkeln in den Händen. Hinter Armande und Baron die Komödianten der Truppe, danach Freunde und Verwandte. Keine Glocke läutet, kein Gebet wird gesprochen, als der Sarg, mit den Emblemen der Tapeziererzunft geschmückt, in die Erde gesenkt wird. Der König hat einen Kammerdiener weniger, das ist alles.

Die Nachricht von Molières Tod war Stadtgespräch in Paris. Aber auch Europa nahm Kenntnis, durch die Nachrichtenzentrale der Epoche; von Amsterdam aus, deren Gazette Ende Februar die Kurzmeldung ihres Pariser Korrespondenten bringt, mit dem Zusatz: «Man redet hier

Molière. Stich von Jean-Baptiste Nolin nach Pierre Mignard

nur von seinem Tod!» Am 9. März folgte ein ausführlicher Bericht.

Die bekannteste Molière-Anekdote, wenn sie überhaupt authentisch ist, spielt nicht nach seinem Tode, sondern viel später, als Boileau bereits Historiograph des Königs war (neben seinem Kollegen Racine). Ihn soll Ludwig XIV. gefragt haben: «Wer ist der bedeutendste Dichter unseres Jahrhunderts?» (nach anderen: «meines Reiches») Boileau antwortete: «Molière, Sire!» Darauf Ludwig, verdutzt: «So? Das hätte ich nicht gedacht! Aber Sie müssen es ja schließlich besser wissen.»

Die literarische Reaktion auf den Abgang des großen Komödiendichters äußerte sich, im Stil der Zeit, in gereimten Nachrufen, die meist ebenso unbedeutend wie hämisch, gehässig und voller Schadenfreude waren. Das schönste hat ihm D'Assoucy geschrieben, dieser alte unverbesserliche Bohèmien und Kumpan aus den glücklichen Tagen in der Languedoc.

Gott, was ein Los!
Molière verschied, der alle fröhlich machte!
Untröstlich sind nun so viel gute Leute:
Seht die Kollegen nur: Marais ist außer sich.
Und im Bourgogne rauft man sich die Haare,
Und Lully explodiert schon fast vor Gram.
Die Fakultät ist ganz verzweifelt, Cotins Augen
Werden vor Weinen nicht mehr trocken, und Tartuffe
Trägt mehr denn je sein härren Bußgewand.
Doch glaubst du, lieber Freund, das Gegenteil –
Wenn dir der Adel des berühmten Dichters,
Wenn sein erlauchter Geist dir teuer war,
Dann gönn mir einen Seufzer oder zwei;
Und dann, gedenkend seines Hingangs, sage leise:
Leb, Lachen, wohl! Lebt wohl, geliebte Spiele! [126]

Doch die Spiele gehen weiter. Am Freitag, den 24. Februar, wird das Palais Royal wieder eröffnet: *Misanthrope* mit Michel Baron als Alceste. Drei Wochen später wird der ruhmgierige Komödiant kontraktbrüchig und läßt seine Freundin Armande im Stich. Er wird ein Star im Hôtel de Bourgogne. Ihm folgen La Thorillière, nebst Frau und andere. Nur La Grange bleibt treu. Kurz danach verliert die Truppe auch noch ihre Spielstätte. Die Überlassung des Theatersaals war an die Person Molières gebunden, heißt es. Lully braucht den Raum für seine Opern.

Die dezimierte Truppe findet einen Unterschlupf am linken Seineufer und eröffnet das «Theater Guénégaud» im Juli mit *Tartuffe*.

Am 18. August 1680 verfügte ein Erlaß des Königs die Vereinigung der Gesellschaft des Hôtel de Bourgogne mit der des Guénégauds. Das war die Gründung der «Comédie Française», die aus Pietät noch heute «Das Haus Molières» heißt, da er als ihr eigentlicher Gründer angesehen wird. Sieht man hinter die Kulissen, muß man vor diesem historischen Euphemismus ein Auge zudrücken. Das Bourgogne hatte die

Truppe Armandes, die zweitklassig geworden war und sich gerade noch so über Wasser hielt, regelrecht geschluckt.

Aber auch im Tode fand der Dichter keine Ruhe. Im Zuge des üppig blühenden Personenkultes in der Revolutionszeit (da man Heilige ja nicht mehr verehren durfte!) grub man 1792 Molières Gebeine (die es höchstwahrscheinlich gar nicht waren) aus, ebenso die von La Fontaine. «Man entnahm die Überreste der beiden Männer, oder was man dafür hielt, der Erde, packte sie in eine Kiste und vergaß sie.»[127] Erst 1817 bekamen die Freunde eine gemeinsame Grabstätte auf dem Père Lachaise. Eine schöne Geste – aber ein Symbol, das uns nicht mehr viel sagt.[128] Um so lebendiger empfinden wir den heiteren Geist Molières, der immer noch aller Unbill des Lebens trotzt, indem er uns hilft, unserer gespaltenen Welt die Einheit des Lachens entgegenzusetzen, des Lachens über Größen, die keine sind.

J. B. P. Molière.

VOLKSTHEATER MOLIÈRE?

Molière bestritt mit seinen eigenen Stücken zwei Drittel des Repertoires und hatte in den Jahren 1659 bis 1673 bei seinen Komödien mindestens so viele Besucher, wie Paris Einwohner hatte, nämlich 600 000. An Tantiemen bezog er etwa 50 000 Livres. Außerdem verdiente er in dieser Zeit, wie jedes Mitglied seiner Truppe, etwa 53 000 Livres. Das Jahreseinkommen jedes Societärs betrug im Durchschnitt 3500 Livres.
Errechnet nach Angaben von «Molièriste» (1880), Schweitzer, Molière-Museum (1881) und Sylvie Chevalley: Molière en son temps» (1973).

VON MOLIÈRE WURDEN GESPIELT:

	zu seinen Lebzeiten	in der Comédie Française bis 1972	Insgesamt
Les Précieuses ridicules	60	1268	1328mal
L'École des maris	142	1566	1708
L'École des femmes	112	1432	1544
Le Misanthrope	99	1902	2001
Le Médecin malgré lui	60	2117	2177
Le Tartuffe	128	2879	3007
L'Avare	88	2279	2367
Le Bourgeois gentilhomme	89	1147	1236
Les Fourberis de Scapin	37	1264	1301
Les Femmes savantes	50	1760	1810
Le Malade imaginaire	4*	1792	1887

Gesamtzahl der Aufführungen sämtlicher Stücke von Molière in der Comédie Française bis 1972: 31 005.

* Von seiner Truppe nach seinem Tod noch 91 Aufführungen.

ANMERKUNGEN

Abgekürzt werden zitiert:
Madeleine Jurgens und Elisabeth Maxfield-Miller: «Cent ans de recherches sur Molière, sur sa famille et sur les comédiens de sa troupe» = J.-M.
Prof. Dr. Max J. Wolff: «Molière, der Dichter und sein Werk» = W.

1. «Le Monde» 1963
2. s. Zeugnisse (S. 145) und weitere Äußerungen zu Eckermann
3. Grimarest: Vie de Molière; La Grange et Vinot, Vorwort zur 1. Ausgabe in 8 Bd. 1682; «La Muse historique» ab 1659; «Lettres en vers à madame» ab 1665; La Grange-Register ab 1659; «Nouvelles nouvelles» und «Mercure galant» von Donneau de Visé; «Elomire hypochondre» von Boulanger de Chalussay 1670; «La fameuse comédienne» (anonym); Schriften und Briefe von Zeitgenossen, amtliche Dokumente, Anekdoten
4. «Cent ans de recherches sur Molière, sur sa famille et sur les comédiens de sa troupe». Paris 1963
5. Graf Esprit de Modène, Kammerherr des Herzogs von Orléans, seit 1630 mit Marguerite de la Baume verheiratet. Nach der Geburt eines Sohnes lebte er von seiner Frau getrennt, 1636 lernte er Madeleine Béjart kennen.
6. 1. Denis Beys, Buchhändler, Bruder des Dichters Charles Beys; 2. Germain Clerin; 3. Nicolas Bonenfant; 4. Georges Pinel, Lehrer von Jean-Baptiste, den Vater Poquelin bat, seinem Sohn den Theaterplan auszureden; 5. Magdeleine Malingre; 6. Cathérine des Urlis; 7. Cathérine Bourgois
7. Molières Mutter Marie Cressé hinterließ für fast 6000 Livres Wertsachen (Möbel, Schmuck, Wäsche), 2000 Livres Bargeld, hatte 6000 Livres Außenstände und 1000 Livres Schulden.
8. «écuyer»: ursprünglich Schildknappe, Waffenträger, Edelknecht, Stallmeister, später auch Damenbegleiter, Hofkavalier unteren Grades; vergleichbar dem englischen Esquire, dem deutschen Junker, auch ganz allgemein «Ehrenwerter Herr».
9. Zitat von Arthur Schopenhauer, Aphorismen zur Lebensweisheit
10. Das Collège de Clermont (später Collège Louis-le-Grand), 1618 von den Jesuiten gegründet, wurde in der Mitte des 17. Jahrhunderts von etwa 160 Externen besucht, von denen sich die 500 Pensionäre aus der Hocharistokratie fern hielten. Der um acht Jahre jüngere Prinz Conti, der in den gleichen Jahren die Schule besuchte wie Poquelin, hat keine Berührung mit ihm gehabt. Für die vornehmen Pensionäre sorgten 300 Beamte und mehr als 100 Diener (nach W. S. 69).
11. Pierre Gassendi (1592–1655), Astronom und Philosoph, Anhänger Epikurs, erster Vertreter der Atomlehre in der Neuzeit; Gegner Descartes, den er in einer Streitschrift: «O Geist! O Seele!» nannte. Descartes antwortete: «O Fleisch!»
12. 1. François Bernier (1620–88), Astronom und Astrolog (stellte Ludwig XIV. das Horoskop), berühmter Weltreisender, Arzt des Großmoguls, veröffentlichte Reiseberichte und ein Werk über Gassendi; 2. Jean Hesnaut, übersetzte Teile von «de natura rerum» von Lukrez; 3. La Mothe Le Vayer (1588–1672), Lehrer des Herzogs von Orléans, libertinistischer Philosoph; 4. Roger de Prades, geb. 1624, Erzieher des Sohnes von La Mothe Le Vayer und Freund von 5. Cyrano de Bergerac (1619–55), Gardeoffizier, Duellant und Witzbold, Dramatiker (erfolgreichste Komödie «Le pendant joué» 1654). Seine utopischen Romane «Reise zur Sonne» und «Mondstaaten und Sonnenreiche» erschienen postum.
13. Grimarest, Jean-Léonor le Gallois, unbedeutender Literat, gest. 1715, veröffentlichte 1705 «Vie de Monsieur de Molière», ein Jahr später eine

Selbstkritik des Werkes. Sein Hauptinformant war Michel Baron; von bedeutenden Zeitgenossen gab ihm keiner Auskunft, Boileau wies ihn ab. Gustave Michaut («der Papst der Molièristen») wies ihm 25 Fehler nach. Obwohl Grimarest fast nur Anekdoten erzählt, wird er von allen späteren Biographen benutzt.

14 Wann soll Jean-Baptiste das Tapeziererhandwerk erlernt haben? Es gibt nicht einmal sichere Zeugnisse, wann und wie oft er (und ob überhaupt) das Hofamt des «tapissier du roy» praktisch ausgeübt hat.

15 Wie auch im Hôtel de Bourgogne gab es bei der Truppe Molières eine Altersversorgung. Beim Ausscheiden aus der Spielgemeinschaft waren jedem Societär 1000 Livres Rente zugesichert. Im Todesfall erhielten die Hinterbliebenen ein einmaliges Sterbegeld in doppelter Höhe.

16 Tristan L'Hermite (1601–55), mit Madeleine Béjart verschwägert, galt den Zeitgenossen als Rivale Corneilles und Vorläufer Racines. Führte ein abenteuerliches Leben und wurde 1649 Mitglied der Académie française.

17 Es ist viel darüber gerätselt worden, wie Jean-Baptiste auf den Namen Molière kam. Daß es einen heute völlig vergessenen Dichter François de Molière und einen Ballettmeister und Musiker Mollier gab, wäre für ihn, der darauf aus war, «er selbst» zu werden, eher ein Grund gewesen, sich nicht so zu nennen. Einleuchtender ist die Erklärung, daß Chapelle ihn so nannte: «der von den Mühlsteinen Zermahlene» (moliere = Mühlsteinbruch, Sumpfboden). Im ersten Freundeskreis waren Spitznamen wie «Sumpfhuhn» durchaus üblich, in den späteren Zusammenkünften gaben sie sich symbolische Namen aus der antiken Mythologie.

18 Pfarrer Olier vom Sprengel Saint-Sulpice, einer der eifrigsten Anhänger der Geheimgesellschaft vom Hochheiligen Sakrament, der Kerngruppe in den Kämpfen um *Tartuffe*.

19 J.-M. S. 276, Bittgesuch an «lieutenant civil» Daubray, königlicher Staatsrat, Vater der berühmten Giftmischerin Marquise de Brinvilliers, die auch ihn vergiftete. Ein Jagdabenteuer von Daubray (auch Aubry) wurde von Mont Didier zu einem Sensationsstück verarbeitet, in dem ein Hund die Hauptrolle spielte. Ein Gastspiel dieser Hundekomödie in Weimar war der Anlaß, daß Goethe die Direktion des Theaters, die er zehn Jahre lang geführt hatte, niederlegte.

20 «Das stete vertrauliche Leben der Schauspieler und Schauspielerinnen miteinander führte leicht zu absonderlichen Verhältnissen, und begründete wohl etwas, das der Güter- und Weibergemeinschaft ähnlich sah; jedes Städtchen brachte Abwechslung auch in dieser Hinsicht, und Molière hatte seinen reichen Anteil an Erlebnissen dieser Art.» (Ferdinand Lotheisen: «Molière», 1880, S. 58)

21 Am 8. November 1649 (J.-M. Dok. LXXVIII, S. 303)

22 *La Jalousie du Barbouillé*, Sc. I – «Gauloiserie – das ist Kraft, Derbheit, Saftigkeit, nackte hüllenlose Aufrichtigkeit – freilich auch Witz und Grazie.» (Arthur Kahane)

23 Pedant = in der heutigen Studentensprache «Fachidiot»

24 *La Jalousie du Barbouillé*, Sc. II

25 J.-M. Dok. LXXXVI, S. 308

26 Sarrasin war bei den Preziösen wegen seiner eleganten Verse und seines Witzes beliebt, schrieb als seriöser Historiker «Belagerung Dünkirchens» und «Der Verrat Wallensteins», auch politische Sonette – ein echter Weltmann des 17. Jahrhunderts.

27 Cosnac, Abbé des Prinzen Conti, mit 25 Jahren Prälat, Almonsier des Herzogs von Orléans, Bruders des Königs.

28 Nicolas Pavillon de Aleth gehörte zum harten Kern der «Kabale der Devoten». «Les dévots», sozusagen die offiziellen Frommen, verdammten

jede weltliche Lustbarkeit, vor allem das Theater.
29 *Étourdie*, Akt V, Sc. XI
30 Molière spielte den Vater Albert, nicht Mascarille.
31 *Dépit amoureux*, Akt II, Sc. VI
32 lazzi = überraschende, nicht zur Handlung gehörende Kleineffekte, häufig akrobatischer Art, in der commedia dell' arte (vergleichbar dem Gag im Film).
33 J.-M. Dok. XLII, S. 311–317
34 D'Assouci, Memoiren
35 J.-M. Dok. XCV, S. 316; LXXXII, S. 306/7; LXXXI; CCIXIV
36 Thomas Corneille (1625–1709), der jüngere Bruder Pierres, schrieb mit «Timocrate» (1656) das Erfolgsstück des Jahrhunderts. 1685 wurde der publikumswirksame Stücke Schreibende Mitglied der Académie française.
37 Jean Meyer: «Molière». Paris 1963. S. 76 f
38 «Le quart d'heure de Rabelais»: Französische Redensart für eine sich in kurzer Zeitspanne entscheidende Konfliktsituation. Rabelais konnte einmal seine Zeche nicht bezahlen, stellte ein Päckchen mit der Aufschrift «Gift für den König» auf den Tisch. Sofort verhaftet und vor den König geführt, verstand dieser den Witz und ließ ihn frei.
39 Die «guten Spieltage» waren Dienstag, Freitag und Sonntag. Die Premieren fanden Freitags statt, da Sonntags das Theater ohnehin gut besucht war. «Montag war ungünstig, da an diesem die Post nach Deutschland und Italien abgefertigt werden mußte, am Mittwoch und Sonnabend fanden die Märkte statt und am Donnerstag bevorzugte das Publikum die öffentliche Promenade.» (W. S. 99)
40 Die Tochter des Schauspielers du Croisy, Mme. Poisson: «Er hatte eine dumpfe, wenig biegsame Stimme, sein Vortrag war oft überhetzt.» (Interview aus dem Jahre 1728) Andere Zeitgenossen bestätigten, daß er Sprachschwierigkeiten hatte, die er für die komische Wirkung positiv nutzen konnte, wie sein unvermeidliches Schluchzen und später sein Husten.
41 François de Malherbe (1555–1628), nach Friedell «der eigentliche Urheber des französischen Klassizismus», verbot in der Poesie so ziemlich alles, was sie lebendig macht. Sein «Katalog rational bestimmter Regeln» beeinflußte die französische Dichtung bis zu den Romantikern.
42 «Furetière: Roman bourgeois», eine der ersten realistischen Schilderungen aus dem Alltagsleben des französischen Bürgertums im 17. Jahrhundert.
43 Ninon de Lenclos, Briefe, S. 58
44 *Les Précieuses ridicules*, Vorwort
45 *Sganarelle*, Sc. XVII
46 Die Kosten des provisorischen Umbaus betrugen 4000 Livres. Eine blaue Leinwanddecke, von Stricken gehalten, schloß den Saal nach oben. Erst 1671 wurde eine solide Einrichtung geschaffen. Die Beleuchtung war schwach, ein Kronleuchter, der in den Zwischenakten heruntergelassen wurde. Es gab aber auch schon metallene Lichtblenden für Kerzenständer, wie heute bei Scheinwerfern im Filmatelier.
47 Register von La Grange
48 Zwei Jahre später versuchte er, die Leiche seines «Dom Garcie» noch einmal auszugraben. Auch das mißlang: nach zwei Vorstellungen fiel sie in den Sarg zurück, für immer.
49 Der allmächtige Finanzminister wurde Tage später, wegen Unterschlagungen, die Colbert aufgedeckt hatte, verhaftet – von Hauptmann d'Artagnan, den Dumas in seinem Roman «Die drei Musketiere» berühmt gemacht hat. Fouquet sollte auf Befehl des Königs zum Tode verurteilt werden, das Gericht weigerte sich. Fouquet kam bis zum Ende seines Lebens in Kerkerhaft.

50 *Les Fâcheux*, Akt I, Sc. I
51 Ludwig XIV. wies Molière auf den Marquis de Soyecourt, einen Jagdfex, hin. Molière ließ sich von seinem «Opfer» ihm unbekannte Fachausdrücke der Jägersprache sagen und brachte ihn am nächsten Tag als Karikatur auf die Bühne.
52 Fünfzehn von den 32 offiziell anerkannten Werken Molières sind musikalische Divertissements. Die meisten Ballett-Komödien vertonte Jean-Baptiste Lully, eigentlich Giovanni Battista Lulli (1632–87). Er verdankte eine sagenhafte Karriere vom italienischen Küchenjungen zum allmächtigen Chef des Musikwesens unter Ludwig XIV. nicht nur seinen vielseitigen künstlerischen Begabungen (als Komponist, Dirigent, Geigenvirtuose, Sänger, Tänzer und Darsteller), sondern auch seinem handfesten Talent zur Intrige.
53 W. S. 268
54 Brief-Zitat nach «Le Molièriste». Hg. von Georges Monval. Paris 1889. Bd. X, S. 4
55 *École des femmes*, Akt V, Sc. IV
56 Nicolas Boileau-Despréaux (1636–1711) kritisierte in den «Satiren» (1666 bis 1711) die Literaten der Epoche und erkennt als erster Molières Genie. Sein Lehrgedicht «L'Art poétique» (1674) macht ihn zum «Kulturpapst» seiner Zeit, er wird Historiograph des Königs. Zu seinen Lebzeiten erschienen 125, bis 1832 weitere 225 Ausgaben seiner Werke (nach Neubert: Franz. Klassik, S. 53)
57 Aus Boileau, Satiren I
58 Donneau de Visé (1640–1710), Gründer des «Mercure galant», schrieb «Zélinde oder die wirkliche Kritik der Frauenschule», eine Salonplauderei, in der er Molière mit dem Anagramm «Elomire» benennt. Das Beste darin ist eine Schilderung, wie Molière, scheinbar teilnahmslos, in einer Gesellschaft alle Anwesenden scharf beobachtet. «Ich glaube sogar, er schrieb die Gespräche in sein Notizbuch.» (zit. n. W., S. 294)
59 Wären die Zeitgenossen darauf gekommen, daß die «10 Ehestandsregeln», mit denen Molière deutlich machen will, daß die Frau im 17. Jahrhundert noch wie im Mittelalter gehalten wird, eine parodierte Version aus Augustinus sind, wäre er sicher schwer bestraft worden.
60 Visé: Nouvelles nouvelles
61 *Critique de l'école des femmes*, Sc. 5
62 Ebd.
63 Die Jahresgratifikation von 1000 Livres spricht nicht für eine hohe Wertschätzung, unbedeutende Schreiberlinge erhielten mehr. Chapelain, der für Staatsminister Colbert die Pensionäre vorschlug, genehmigte sich selbst 3600 Livres, de Visé erhielt 6000, Corneille als «der erste dramatische Poet der Welt» 2000 Livres, Racines Ehrengabe stieg von 800 (1664) bis 1500 Livres (1670).
64 *Remerciément du Roi* vom 3. April 1663
65 Schauspielerinnen und Bürgerinnen wurden auch als Verheiratete «Mademoiselle» genannt, der Titel «Madame» blieb dem Adel vorbehalten.
66 Die Spielwut des Erzkomödianten Molière war unersättlich: er schrieb sich 54 Monologe; im *Impromptu* und als *Sganarelle* kommt er überhaupt nicht von der Bühne, in anderen Stücken nur selten; so beherrscht er als Arnolphe 31 von 32 Szenen, im *Don Juan* 25 von 26, im *Amphitryon* 16 von 21, Harpagon hat 23 von 30, Jourdain 23 von 34 und Argan 27 von 31 Szenen.
67 Edme Boursault (1638–1701) ließ sich als Fünfundzwanzigjähriger von den Schauspielern des Hôtel de Bourgogne einreden, Molière habe ihn als Dichter Lysias in der *Kritik* karikiert und zu der pamphletischen Komödie «Porträt des Malers» inspirieren. Schrieb auch gegen Boileau und Racine.

Mit der journalistischen «Komödie ohne Titel», die auf der Redaktion des «Mercure galant» spielt, hatte er später großen Erfolg.
68 Gutkind: «Molière und das komische Drama», S. 68.
69 Aus «L'Impromptu de l'Hôtel de Condé» von Antoine Montfleury, dem Sohn des großen Mimen im Hôtel de Bourgogne.
70 Zitat aus einem Privatbrief von Racine.
71 Archive nationale Y 3912 (Soulié, p. 173)
72 Graf Modène hielt sich in der fraglichen Zeit fern von Paris auf, da er in effigie zum Tode verurteilt war.
73 Jean Anouilh, Dramen VI, «Mademoiselle Molière», 2. Teil, S. 305
74 W. S. 49
75 Molières Vorlage «El desden con el desden» (Trotz wider Trotz) von Moreto gehört heute noch als geistsprühende spanische Komödie unter dem Titel «Donna Diana» zum Repertoire der Theater.
76 Premier placet vom 31. August 1664
77 Zit. n. Schweitzer, Molière-Museum, Heft V, S. 14
78 Die Italiener 1657 mit einer volkstümlichen Bearbeitung; 1659 das Hôtel de Bourgogne mit «Der steinerne Gast» von Villiers.
79 Textvergleich bei Schweitzer, «Molière und seine Bühne», Heft II, S. 145
80 *Don Juan*, Akt IV, Sc. IV
81 Ebd. Akt I, Sc. II
82 Ebd. Akt V, Sc. II (beide Zitate gekürzt wiedergegeben).
83 Ebd. Akt III, Sc. I
84 Gutkind, a. a. O., S. 67
85 Brecht, Werke XI, S. 109
86 Hans Heiß, «Molière», S. 88
87 Das einzig überlebende Kind von Molière, seine Tochter Madeleine, wurde nach seinem Tod von der Mutter vernachlässigt, in einem Kloster erzogen, heiratete als Vierzigjährige Claude de Rachel-Montalant einen Witwer mit vier Kindern und starb, selbst kinderlos, 1723.
88 Molières Kränklichkeit war öfter Anlaß zu Gerüchten. Am 17. April 1667 verkündete Robinets Reimchronik: «Man sagt, Molière liege in den letzten Zügen und bereite sich auf seinen Sarg vor.»
89 Der Vielschreiber Hardy dichtete über hundert Gebrauchsstücke, oft in einer Nacht, für drei Livres. Erst Corneille verdarb die Preise. Die einmaligen Honorare schwankten, je nach Prominenz des Autors, zwischen 1000 und 5000 Livres. Molière erhielt meist einen halben Anteil der Tagesquote.
90 Bei Grimarest und in der Comédienne unterschiedlicher Wortlaut.
91 Sein Kostüm war aus Brokat und allen «Accessoirs à la mode», die Waden mit großen grünen Bändern geschmückt. (Grün war Molières Lieblingsfarbe!)
92 *Misanthrope*, Akt V, Sc. IV
93 «Er wählte im Grunde tragische Themen, denen er seiner Natur nach – aber auch, um sie für sein Publikum akzeptierbar zu machen – eine komische Note gab. Suprema lex war für ihn: Man muß lachen!» (A. Tilley: «Molière», 1921)
94 *Misanthrope*, Akt I, Sc. I
95 Gottfried Benn, Werke I, S. 327 f
96 W. S. 17/18
97 *Misanthrope*, Akt I, Sc. II
98 *Le Médecin malgré lui*, Akt I, Sc. I
99 Diesen bisher unbekannten Umstand veröffentlichte Claude Lulong 1971 in «L'amour au XVIIe siècle», S. 183.
100 Roger de Rabutin, Graf von Bussy: «Histoire amoureuse des Gaules»
101 Register La Grange 1667

102 «Lettre sur l'imposteur» erschien vierzehn Tage nach dem Verbot vom 6. August, was für die Autorenschaft Chapelles spricht – nur eine geniale Natur kann so rasch Fundamentales produzieren.
103 Egon Friedell: «Kulturgeschichte der Neuzeit», S. 517
104 *Amphitryon*, Akt I, Sc. I; Monolog des Sosias, Vers 170–185. Diese Stelle fehlt bezeichnenderweise bei Kleist, der sonst den Monolog wörtlich übersetzte – Sozialkritik paßte nicht in sein Konzept.
105 *Amphitryon*, Akt III, Sc. XX
106 Dandin klingt an «dandiner» an; also einer, der weiß, was die Glocke geschlagen hat.
107 Schlußworte aus *George Dandin ou le mari confondu* und *Les Fourberis de Scapin*.
108 «Grundlagen und Gedanken zum Verständnis klassischer Dramen», Molière: *Der Geizige*, bearb. von Walter Teich, S. 62
109 Die bigotte Königinmutter war tot, am 1. Januar 1669 trat das Konkordatsbreve von Klemens IX. in Kraft, das den Religionsstreit vorübergehend beruhigte. Möglicherweise gab es auch geheime Verhandlungen, und Molière hat den Kirchenmännern als Gegengabe ein frommes Gedicht versprochen – und so wäre sein am 23. März 1669 veröffentlichtes Poem *La gloire du Val-de-Grâce* nicht ausschließlich ein Huldigungsgedicht für seinen Freund Mignard.
110 Aus dem 2. Placet vom 8. August 1667
111 Diderot, Gespräche über Schauspieler
112 Elomire Hypochondre ou les Médecins vengez, comédie par Monsieur le Boulanger de Chalussay, è Paris MCCLXX, avec privilège (vom 4. Jan. 1670). Das von Molière unterdrückte Stück erschien 1671 wieder in Amsterdam und 1672 in der 2. Auflage.
113 In *Psyche* traten die Sänger des Zwischenspiels, die bis dahin hinter Logengittern sangen, während die Schauspieler den Gesang markierten (Playback-Verfahren!), zum erstenmal agierend auf der Szene auf, wozu sie Molière mit Verdopplung der Gage bewegen konnte. Der erste Schritt zur französischen Oper war getan.
114 Boileau, Satiren II. In jeder Vorstellung wurde am meisten die Wiederholung des Ausrufs des Géronte *Was, zum Teufel, hatte er auf der Galeere zu suchen?* belacht. Das Wort hatte Molière aus dem «Pendant joué» von Bergerac plagiiert, was ihn, als man ihm das vorwarf, zu dem vielzitierten Ausspruch veranlaßt haben soll: *Ich nehme mein Gutes, wo ich es finde.*
115 Molière läßt Trissotin ein albernes Sonett von Cotin wörtlich vortragen; Vadius ist das Porträt des Literaten Ménage.
116 Molière hielt *Les Femmes savantes* für das Werk, das ihm die Unsterblichlichkeit sichern werde, für zahlreiche Moliéristen gilt es als d a s Meisterwerk. Georg Hensel bezeichnet es als ein «Menuett der Argumente» (Spielplan I, S. 266).
117 Die fortschrittlichste Schrift des Jahrhunderts stammt von dem Cartesianer Paulain de la Barre, in der er für die radikale Gleichberechtigung der Frau eintrat, gleiche Bildungsmöglichkeiten forderte und die Zuversicht aussprach, daß Frauen im nächsten Jahrhundert auch Ärztinnen und Advokatinnen werden könnten.
118 J.-M. Dok. MCL, S. 505. Ausführliche Registrierung des Nachlasses von Madeleine Béjart. Barvermögen und Außenstände 24 119 Livres, dazu Grundbesitz, Möbel, Kostüme, Juwelen usw.
119 Die Streitigkeiten brachen gleich dem Tode Madeleines aus. Bereits am 29. März 1672 reichten Molière und seine Kollegen eine Klage gegen Lully ein. Ein Jahr zuvor hatte sich Lully von Molière 1000 Livres geliehen, um ein Haus kaufen zu können – die Summe ist nie zurückgezahlt worden.

120 Zitat aus dem nichtgespielten Prolog zum *Malade imaginaire*.
121 Zitat aus dem (gespielten) «Autre Prologue» zum *Malade imaginaire*.
122 Goethes Gespräche mit Eckermann, am 28. März 1827
123 Zitat aus *Le Malade imaginaire*, Akt III, Sc. III
124 Molières Nachlaß stand in keinem Verhältnis zu seinem Einkommen. Das Wertvollste war das Mobiliar. Sechs Gemälde bezeugen, daß er keinen Sinn für bildende Kunst besaß. Von seinen 350 Büchern sind nur die Folio-Ausgaben zum Teil angeführt: u. a. Terenz, Ovid, Herodot, Corneille. Unter den Quartbänden, meist italienische, französische und spanische Stücke, befand sich wahrscheinlich auch ein Shakespeare.
125 J.-M. Dok. CCLXXXI, S. 550; Antwort auf «Requête d'Armande Béjart à l'archevêque de Paris et permission accordée de celui-ci de donner une sépulture ecclésiastique à Molière». (Bitte um ein ehrliches Begräbnis.)
126 D'Assouci, Memoiren
127 W. S. 587
128 Ein anderer Symbol-Akt: die «Académie française», die Molière zu seinen Lebzeiten nie zum Mitglied ernannt hat, wohl aber Nullitäten wie seinen Attentäter, den Herzog von Feuillade, stellte 1769 eine Büste auf mit der Inschrift: «Nichts fehlt seinem Ruhm – er fehlte unserem.»

Die Molière-Texte, sowie alle anderen französischen Zitate, bei denen keine Übersetzer angegeben sind, wurden vom Autor für diese Monographie neu übertragen.

ZEITTAFEL

1621 27. April: Hochzeit der Eltern.
1622 15. Januar: In der Kirche von Sainte-Eustache wird Jean Poquelin getauft (später Jean-Baptiste Molière), das älteste von sechs Kindern, von denen vier überleben.
1626 Der Großvater Jean Poquelin (Pate von Molière) stirbt.
1631 Vater Jean Poquelin erwirbt von seinem Bruder Nicolas die Charge des «Valet de chambre, tapissier ordinaire du roy».
1632 11. Mai: Tod der Mutter.
1633 11. April: Heiratskontrakt zwischen Vater Poquelin und Cathérine Fleurette.
1635 (?) Jean-Baptiste tritt in das Collège de Clermont ein.
1636 Stiefmutter Cathérine stirbt im Wochenbett.
1637 14. Dezember: Jean-Baptiste Poquelin leistet (obgleich Schüler des Collège de Clermont) den Diensteid der Nachfolge als «Valet de chambre».
1638 13. Dezember: Tod des Großvaters Louis Cressé.
1639 (?) Jean-Baptiste Poquelin verläßt das Collège de Clermont.
1640 Jean-Baptiste Poquelin studiert die Rechte in Orléans.
1643 6. Januar: Jean-Baptiste verzichtet zugunsten seines jüngeren Bruders Jean auf die Charge des «Tapissier du Roy». – 30. Juni. Gesellschaftsvertrag zwischen den Komödianten des «Illustre Théâtre». – 12. September: Die Truppe mietet das Ballhaus Mestayers. – November: Die Truppe in Rouen, Bekanntschaft mit den Brüdern Corneille.
1644 1. Januar: Eröffnung des «Illustre Théâtre». – 28. Juni: Beim Engagement des Tänzers Daniel Mallet unterzeichnet Jean-Baptiste Poquelin zum erstenmal mit «de Moliere» (ohne Akzent!). – 19. Dezember: Umsiedlung in das Ballhaus «Schwarzes Kreuz».
1645 Madeleine, Joseph und Géneviève treten der Truppe von Dufrèsne bei (möglicherweise auch schon Molière), die unter dem Patronat des Herzogs von Epernon spielt.
1646 Nantes, Rennes, Cadillac, Bordeaux.
1650 13. Februar: Erwähnung der Truppe Dufrèsne in Agen. – 17. Dezember: Quittung von Molière (Autograph vorhanden) über 4000 Livres in Pézenas, Languedoc.
1651 4. April in Paris: Anerkennung Molières, seinem Vater 1965 Livres zu schulden. Aufenthalt bis Mitte 1652 unbekannt.
1653 Pézenas, Montpellier, Tournee durch den Languedoc. Molière gewinnt auf Schloß La Grange die Protektion des Prinzen Conti. Die Compagnie erhält den Titel «Komödianten seiner Hoheit, des Prinzen Conti».
1654 Abstecher aus Lyon in die Provinz. Conti bietet Molière, nach dem Tod von Sarrasin, die freigewordene Stelle als Sekretär an. Molière lehnt ab.
1655 Februar: Narbonne; März: Montpellier; April: Lyon; Oktober: Pézenas. *Der Tolpatsch oder Immer zur Unzeit* – erste Alexandriner-Komödie in fünf Akten.
1656 «Liebesverwirrung» in Béziers.
1657 Lyon, Toulouse, Avignon, Nîmes, Albi. In Avignon: Bekanntschaft mit dem Maler Mignard.

1658 Lyon, Grenoble, Rouen. Madeleine Béjart mietet in Paris das Ballhaus des Marais. Mysteriöse Reisen Molières nach Paris. Am 24. Oktober wird die Wanderbühne Molières als «Truppe von Monsieur, dem einzigen Bruder des Königs» eingeladen, vor König und Hof im Saal der Garden des Louvre zu gastieren. – 2. November: Auf Anordnung des Königs darf sich Molière mit Scaramouche in das Theater «du petit Bourbon» teilen.

1659 Erfolgloser Jahresanfang. Durchbruch mit *Der Tolpatsch* und *Liebesverwirrung*. Neuengagements: du Croisy und La Grange, der sein Register beginnt, in dem er alle Einnahmen der Truppe von 1659 bis 1685 festhält. Nach Abzug der Italiener ist Molière Alleinherrscher im Petit Bourbon. – 18. November: *Die lächerlichen Preziösen* Triumph und Skandal. Joseph Béjart stirbt.

1660 Ostern: Tod von Jodelet. – 5. April: Tod von Jean Poquelin, Molières jüngerem Bruder. – 28. Mai: *Sganarelle oder der vermeintliche Betrogene.* – 11. Oktober: Monsieur de Ratabon läßt den Saal des Petit Bourbon abreißen. Der König weist Molière den Theatersaal im Palais Royal zu (früher Palais Richelieu). Die Truppe ist drei Monate ohne Theater.

1661 4. Februar: Totaler Reinfall mit *Don Garcia von Navarra*. – 24. Juni: *Die Männerschule* – Bombenerfolg für Molière als Autor und Darsteller. – 17. August: *Die Lästigen* auf dem Fest Fouquets in Schloß Vaux aufgeführt (Erste Ballett-Komödie).

1662 23. Januar: Heiratskontrakt zwischen Molière und Armande Béjart. – 20. Februar: Kirchliche Trauung in Saint-Germain-l'Auxerrois. – Mai bis August: 3000 Livres vom König für *Die Männerschule* und *Die Lästigen*. – August/September: Gratifikation für die Truppe 14 000 Livres. – 26. Dezember: *École des femmes (Schule der Frauen)*. Bisher größter Erfolg: das Stück spielt in drei Wochen 11 000 Livres ein.

1663 1. Januar: Boileau schreibt Stanzen gegen die Feinde der *Schule der Frauen*. – 1. Juni: *Kritik der Schule der Frauen*. Der Herzog von Feuillade attackiert Molière. Im August erscheint «Zelinde oder die wahre Kritik der Frauenschule» von Donneau de Visé. Im Oktober spielt das Hôtel de Bourgogne «Das Porträt des Malers», in dem Molière als Hahnrei gebrandmarkt wird. – 18. oder 19. Oktober: *Das Stegreifspiel von Versailles*, großer Erfolg, auch in Paris am 9. November.

1664 19. Januar: Geburt des ersten Sohnes. – 29. Januar: Festvorstellung von *Die erzwungene Heirat* im Louvre. – 7.–13. Mai: *Die Vergnügungen der verzauberten Insel* in Versailles. Traumfest des Königs, an dem sich alle Pariser Bühnen beteiligen. Molière ist mit verschiedenen Stücken beteiligt, neu: *Die Prinzessin von Elis* und am 12. Mai die ersten drei Akte des *Tartuffe* – unter dem Titel *Der Heuchler*. Weitere Aufführungen werden verboten. – 20. Juni: «La Thébaide», das erste Stück von Racine im Palais Royal in der Inszenierung von Molière. – August: Der erste Privatbrief mit der Bitte um Freigabe des *Tartuffe* an den König wird abschlägig beschieden. – 22. August: Überweisung der königlichen Gratifikation von 1000 Livres (wird bis 1671 jährlich, aber in unregelmäßigen Abständen gezahlt). – 9. November: Premiere der *Prinzessin von Elis* im Palais Royal. – 11. November: Tod des Sohnes. –

14. November: La Grange übernimmt für Molière das Amt des «Orateur».

1665 15. Februar: *Don Juan oder der steinerne Gast.* – 18. April: Pamphlet von Rouchemont «Observation sur la comédie de Dom Juan».–18. Mai: Molières Halbschwester Marie-Madeleine stirbt. – 3. August: Geburt der Tochter Esprit-Madeleine mit Madelaine Béjart und Esprit de Modène als Taufpaten. – 14. August: Die Truppe erhält in Saint-Germain den offiziellen Titel «Troupe du roy au Palais Royal» und eine Subvention von 6000 Livres jährlich. – 14. September: *Der verliebte Arzt* in Versailles. – 8. November: Privatvorstellung des *Tartuffe* in Raincy. – 4. Dezember: Premiere des «Alexander» von Racine im Palais Royal. – 18. Dezember: Premiere des «Alexander» von Racine im Hôtel de Bourgogne. Bruch der Freundschaft mit Racine.

1666 10. Februar: Tod des Prinzen Conti. Januar–März: Molière schwer krank. – März: Molières Werke in zwei Bänden erscheinen, mit Titelkupfer von François Chauveau. – 4. Juni: *Der Menschenfeind oder der verliebte Griesgram.* Enttäuschend geringer Erfolg, bis das Stück zusammen mit *Der Arzt wider Willen* am 6. August gegeben wird. – 2. Dezember: In der königlichen Festvorstellung «Ballett der Musen» zu Saint-Germain-en-Laye *Mélicerte*, nur einmal gespielt.

1667 Januar/Februar: Gastspiel in Saint-Germain-en-Laye. – 5. Januar: *Komische Pastorale.* – 14. Februar: *Der Sizilianer oder der verliebte Maler.* – 4. März: Uraufführung «Attila» von Corneille. – 10. Juli: *Der verliebte Maler* im Palais Royal (17 Vorstellungen). – 5. August: Öffentliche Vorstellung von *Der Betrüger* mit angeblicher Genehmigung des bei der Armee weilenden Königs. – 6. August: Verbot durch den Präsidenten von Lamoignon. – 8. August: Molière schickt La Grange und La Thorillière mit einer zweiten Bittschrift nach Flandern; der König antwortet ausweichend. – 11. August: Der Bischof von Paris, Hardouin de Péréfixe, verbietet jede öffentliche und private Aufführung oder Vorlesung des *Tartuffe* unter Androhung der Exkommunikation. – August/September: Molière, krank in Auteuil, inspiriert seinen Freund Chapelle zu dem verständnisvoll Stellung nehmenden «Brief über den Betrüger».

1668 13. Januar: *Amphitryon* im Palais Royal. – 16. Januar: Vorstellung am Hof. – 18. Juli: *George Dandin* in Versailles, erst am 9. September im Palais Royal. – 9. September: *Der Geizige.* – 11. Dezember: Marquise du Parc stirbt.

1669 5. Februar: Nach Spielgenehmigung Uraufführung der letzten (uns einzig bekannten) Fassung des *Tartuffe.* Die dritte Bittschrift. – 25. Februar: Jean Poquelin, Molières Vater, stirbt. – September: Auf den Jagdfesten des Königs in Chambord: *Monsieur de Pourceaugnac,* Ballett-Komödie zum Vergnügen seiner Majestät, ebenso erfolgreich ab 15. November in Paris.

1670 14. Oktober: *Der Bürger als Edelmann,* großer Erfolg in Chamfort, ebenso ab 23. November im Palais Royal. Louis Béjart geht mit 1000 Livres Rente in Pension. Rückkehr von Michel Baron.

1671 Januar und während des ganzen Karnevals in den Tuilerien: *Psyche,* Gemeinschaftswerk von Molière, Corneille, Quinault und Lully. – März

143

bis April: Umbauten im Palais Royal. – 24. Mai: *Die Gaunerstreiche des Scapin* im Palais Royal. – 27. November–7. Dezember: Gastspiele in Saint-Germain für Liselotte von der Pfalz, zweite Gemahlin des Herzogs von Orléans, Bruder des Königs. Dabei am 2. Dezember, als letzter Auftrag des Königs: *La Comtesse d'Escarbagnas* (in Paris erst am 8. Juli 1672 gespielt).

1672 9. Januar: Madeleine Béjart macht, todkrank, ihr Testament zugunsten von Armande und stirbt am 17. Februar. Vor ihrem Tod Versöhnung zwischen Molière und Armande. – 11. März: *Die gelehrten Frauen* im Palais Royal. – März/April: Lully erschleicht sich das Privileg, mit seiner «Königlichen Musikakademie» das gesamte Musikwesen zu kontrollieren. – 17. September: Geburt des dritten Kindes. Jean-Baptiste-Armand Poquelin wird am 1. Oktober getauft und stirbt am 10. Oktober.

1673 10. Februar: Uraufführung von *Der eingebildete Kranke* mit der Musik von Charpentier. – 17. Februar: Am Schluß der vierten Aufführung erleidet Molière einen Blutsturz. «Er stirbt am selben Tag, 10 Uhr abends». – 21. Februar: Um 21 Uhr wird auf dem Friedhof Saint-Joseph der «Tapissier du Roy» Jean Poquelin begraben. – 21. März: Ludwig XIV. übergibt das Palais Royal Lully für seine «Königliche Akademie der Musik». – Mai–Juni: Der Rest von Molières Truppe, mit La Grange und Armande an der Spitze, richten sich in der Rue Guénégaud ein und vereinigen sich mit der Truppe Marais.

1677 29. Mai: Molières Witwe Armande heiratet den Kollegen Guérin-d'Estriché.

1680 18. August: Auf königliche Order wird die Truppe des Hôtel Guénégaud und des Hôtel Bourgogne vereinigt: das ist die Gründung der «Comédie française», die von nun an «Das Haus Molières» heißt, wie sich auch heute noch alle französischen Schauspieler die «Kinder Molières» nennen.

ZEUGNISSE

LEIBNIZ

Ihr ernsthaften Schulmeister der Menschheit, wißt ihr, ob in unserem Jahrhundert ein Molière nicht genau so aufbauend wirkt wie eure Lehren? Doch gute Scherze werden leicht bestraft, Frankreich zu reformieren braucht's der Komödie oder der Dragoner.

1694, Gesammelte Werke IV, S. 306

JULIEN-LOUIS GEOFFREOY

Molière hat bei uns jedes Ansehen eingebüßt. Derselbe Mann, den man für einen kühnen Neuerer hielt, ist für uns ein altmodischer Schwätzer, ein typischer Spießbürger, der, zugestanden, über eine Portion gesunden Menschenverstand verfügte, aber keineswegs über Scharfsinn oder Witz. Was er uns sagt, kommt uns heute alles wie ein Ammenmärchen vor.

Journal des débats

STENDHAL

Je länger ich lebe, um so mehr sehe ich, daß es bei uns nur einen klassischen Komödiendichter gibt: Molière. Sein Kolorit mißfällt mir, aber die Fülle seiner Komik und sein wunderbarer Witz ziehen mich zu ihm hin.

27. Oktober 1811

GOETHE

Ich kenne und liebe Molière seit meiner Jugend und habe während meines ganzen Lebens von ihm gelernt. Ich unterlasse nicht, jährlich von ihm einige Stücke zu lesen, um mich im Verkehr des Vortrefflichen zu erhalten. Es ist nicht nur das vollendete künstlerische Verfahren, was mich an ihm entzückt, sondern vorzüglich auch das liebenswürdige Naturell, das hochgebildete Innere des Dichters. Es ist in ihm eine Grazie und ein Takt für das Schickliche und ein Ton des feinen Umgangs, wie es eine angeborene schöne Natur nur im täglichen Verkehr mit vorzüglichen Menschen eines Jahrhunderts erreichen konnte.

Zu Eckermann, 1827

SAINTE-BEUVE

Neue Größen, neue berühmte Geister und Bücher mögen erscheinen, die Kultur der Zukunft ändern und ergänzen: es bleiben fünf oder sechs unvergängliche Werke, die fest in der Wurzel allen menschlichen Denkens eingegraben sind. Molière gehört zu jener Schar derer, die immer gegenwärtig sein werden.

Literarische Portraits

Théophile Gautier

Molière hatte vielleicht Talent zum Tapezierer! Er schreibt wie ein Schwein! Der «Misanthrope» ist ein Dreckstück! Aber wie kann man so etwas veröffentlichen. Ich will mich nicht um mein Brot bringen.

Journal de Goncourt, 1857

Lafenêtre

Immer dann, wenn man unter doppelter Moral leidet, ob in der Politik, ob in der Gesellschaft, unter intellektuellem Hochmut, unter Scharlatanismus der Wissenschaft, unter Egoismus, Überheblichkeit, Habsucht, Dummheit in all ihren Erscheinungen – immer wenn es nötig scheint, sie von neuem mit dem «Lachen der Vernunft» zu bekämpfen, immer ist dann Molière, der uns die Waffen liefert und sie schärft.

Molière, 1909

Bertolt Brecht

Beglückt gewahrte das Publikum den weiten universalen Rang der Molièrschen Komik, jene kühne Mischung der feinsten Kammermusikkomik mit der größten Farce und dazwischen jene kleinen köstlich ernsten Passagen, die ohnegleichen sind.

Über Bessons Inszenierung des «Don Juan» beim Berliner Ensemble

Jean Anouilh

Molière hat in der Form der Komödie die schwärzesten Theaterstücke der Literatur aller Zeiten geschrieben. Molière hat das Tier Mensch wie ein Insekt aufgespießt und löst mit feiner Pinzette seine Reflexe aus. Und das Insekt Mensch zeigt nur den einen, immer gleichen Reflex, der bei der geringsten Berührung aufzuckt: den des Egoismus. Dank Molière ist das wahre französische Theater das einzige, in dem keine Messen gelesen werden. Vielmehr lacht man – wie die Männer im Krieg lachen – die Füße im Dreck, die warme Suppe im Bauch und die Waffe in der Hand – lacht über unser Elend und unser Entsetzen.

Rede in der Comédie Française, 15. Januar 1959

Rolf Liebermann

Molière ist für mich ein scharfer Kritiker seiner Epoche, der immer mit einem Fuß im Gefängnis stand, genau wie unserer Zeit die Wahrheit jeder Autorität mißfällt: ein großer Porträtist der ewigen «Comédie humaine».

Für diese Monographie geschrieben

BIBLIOGRAPHIE

Die Zahl der Werk-, Teil- und Einzelausgaben der Molièreschen Dramen ist ebenso unübersehbar wie die Literatur über sein Leben und seine Werke. Die vorliegende Auswahl beschränkt sich auf einen repräsentativen Querschnitt der Werkausgaben und der Sekundärliteratur. Auf die Angabe von Einzelausgaben wie von Aufsätzen mußte verzichtet werden. Für weiterführende Literatur sei auf die angeführten Bibliographien verwiesen.

1. Bibliographien, Forschungsberichte etc.

Bibliographie der französischen Literaturwissenschaft. Hg. von O. KLAPP (seit Bd XXV, 1987 von A. KLAPP-LEHRMANN). Bd 1 ff. Frankfurt a. M. 1960 ff
CIORANESCU, ALEXANDRE: Bibliographie de la littérature française du dix-septième siècle. Bd 2. Paris 1966, S. 1429–1477
Collection moliéresque. 37 Bde. Paris 1867–90 (Repr. Genf 1968–69)
DULAIT, S.: Inventaire raisonné des autographes de M. Genf 1967
GUIBERT, A.-J.: Biobliographie des œuvres de M. publiées au XVIIe siècle. 2 Bde. Paris 1961. Suppléments 1965, 1971
JURGENS, M., und E. MAXFIELD-MILLER: Cent ans de recherche sur M., sur sa famille et sur les comédiens de sa troupe. Paris 1963
LACROIX, P.: Bibliographie Molièresque. Paris ^{2}1875
LAUBREAUX, R.: M. Écrits de M. sur le théâtre, témoignages, textes critiques, chronologie, répertoire, bibliographie. Paris 1973
LIVET, CH.-L.: Lexique de la langue de M. comparée à celle des écrivains de son temps. 3 Bde. Paris 1895–97
Le Moliériste. Revue mensuelle. 10 Bde. Paris 1879–1889
MONGRÉDIEN, G.: Recueil des textes et des documents du XVIIe siècle relatifs à M. 2 Bde. Paris 1965
MONVAL, G.: Chronologie moliéresque. Paris 1897
Le petit Molière. Paris 1973
ROMERO, L.: M. Traditions in Criticism. Chapel Hill 1974
SAINTONGE, PAUL, and R. W. CHRIST: Fifty years of M. studies. A bibliography (1892–1941). Baltimore 1942
Les Œuvres de M. M. 2 Bde., Paris 1666
Les œuvres de M. de M., reveues, corrigées et augmentées [hg. von VIVOT u. LA GRANGE]. 8 Bde. Paris 1682
Dramen. 3 Bde. Übers. LUDWIG FULDA. Urach 1948
Œuvres complètes [Hg. von GUSTAVE MICHAUT]. 11 Bde. Paris 1949
Théâtre. Hg. von ALFRED SIMON. 5 Bde. Paris 1958–60
Komödien. Übers. GUSTAV FABRICIUS u. WALTER WIDMER. München o. J.
Œuvres complètes. Hg. von G. COUTON. 2 Bde. Paris 1971
Komödien. Übers. HANS WEIGEL. 7 Bde. Zürich 1976

3. Molière und seine Zeit

a) Politik und Gesellschaft

ELIAS, NORBERT: Die höfische Gesellschaft. Neuwied 1969 u. ö.
GERHARDI, G. C.: Geld und Gesellschaft im Theater des Ancien Régime. Heidelberg 1983
GOUBERT, P.: L'Ancien Régime. 2 Bde. Paris 1969–1973
MANDROU, R.: Louis XIV en son temps. 1661–1715. Paris 1973
REYNIER, GUSTAVE: La femme au XVIIe siècle. Paris 1930
VOSS, J.: Geschichte Frankreichs. Bd 2. München 1980

b) Literatur und Theater

Album Théâtre classique. Hg. von S. CHEVALLEY. Paris 1970
AUERBACH, ERICH: Das französische Publikum des XVII. Jahrhunderts. München 1933–^{2}1965
CHANCEREL, RENÉ: L'évolution du statut des comédiens. Diss. Paris 1930
CHRISTODOULOU, KYRIAKI E.: De M. à Beaumarchais. Paris 1983
CHRISTOUT, M.-F.: Le ballet de cour de Louis XIV. Paris 1967
DEIERKAUF-HOLSBOER, S. WILMA: L'histoire de la mise en scène dans le théâtre français de 1600 à 1673. Paris 1960
Das französische Theater vom Barock bis zur Gegenwart. Hg. von J. von Stackelberg. 2 Bde. Düsseldorf 1968
HEITMANN, KLAUS: Das französische Theater des 16. und 17. Jahrhunderts. Wiesbaden 1977
JASINSKI, R.: A travers le XVIIe siècle. 2 Bde. Paris 1981
KÖHLER, ERICH: Vorlesungen zur Geschichte der französischen Literatur. Klassik. Bd 2. Stuttgart u. a. 1983
LOUGH, J.: Paris theatre audience in the XVIIth and XVIIIth centuries. London 1957
MACPHERSON, H. D.: Censorship under Louis XIV. New York 1920
MARTIN, H. J.: Livre, pouvoirs et société à Paris au XVIIe siècle (1598–1701). 2 Bde. Genève 1969
MATZAT, W.: Dramenstruktur und Zuschauerrolle. München 1982
MONGRÉDIEN, G.: Dictionnaire biographique des comédiens français du XVIIe siècle. Paris 1961
MONGRÉDIEN, G.: La vie quotidienne des comédiens au temps de M. Paris 1966
SCHOELL, K.: Die französische Komödie. Wiesbaden 1983

4. Molière – Leben und Werk als Schauspieler und Theaterleiter

a) Gesamtdarstellungen, Sammelbände

BONVALLET, PIERRE: M. de tous les jours. Paris 1985
CHEVALLEY, S.: M. et sons temps. 1622–1673. Paris, Genf 1973
CHEVALLEY, SYLVIE: M., sa vie, son œuvre. Paris 1984
GRIMAREST, JEAN L. GALLOIS DE: La vie de Jean-Baptiste Poquelin de M. Paris 1705 – Krit. Ausg. hg. von G. MONGRÉDIEN. Paris 1955
GRIMM, JÜRGEN: M. Stuttgart 1984

Hall, H. Gaston: Comedy in context. Essays on M. Jackson 1984
Hösle, Johannes: M. München 1987
Jasinski, René: M. Paris 1969
Jean-Baptiste M. Dargestellt von Rüdiger Werle und Christoph Wetzel. Salzburg 1980
Macchia, Giovanni: Il silenzio di M. Milano 1985
Malachy, Thérèse: M. Les métamorphoses du Carnaval. Paris 1987
Mallet, Francine: M. Paris 1986
Mander, Gertraud: Jean-Baptiste M. Velber 1967
M. Hg. von S. Chevalley. Genf 1973
M. Paris 1976
M. Hg. von Renate Baader. Darmstadt 1980
M. et la nouvelle critique. Hg. Wolfgang Loch. Seattle u. a. 1984
M.: Stage and Study. Hg. von W. D. Howarth u. a. Oxford 1973
Simon, Alfred: M. Lyon 1987
Stackelberg, Jürgen von: M. Eine Einführung. München 1986
Szogy, Alex: M. abstrait. Paris 1985
Toudouze, G.-G.: M., bourgeois de Paris et tapissier du Roi. Paris 1946
Über M. Hg. Christian Strich u. a. Zürich 1973
Voltaire: Vie de M., avec des jugements sur ses ouvrages. Paris 1739

b) Einzelfragen

Alberge, Claude: Le voyage de M. en Languedoc, 1647–1657. Montpellier 1988
Baluffe, Aug.: M. inconnu, sa vie. Bd 1. 1622–1646. Paris 1886
Bégou, Georges: La prince et le comédien. Paris 1986
Copin, A.: Histoire des comédiens de la troupe de M. Paris 1885
Herzel, R. W.: The original casting of M's plays. Ann Arbor 1981
Howarth, W. D.: M. a playwright and his audience. Cambridge 1982
Lacour, Léopold: M. acteur. Paris 1928
La Grange, Ch. V. de: Extraits des receptes et des affaires de la comédie depuis Pasques de l'année 1659 (Registre 1659–1685). Hg. von S. Chevalley. Genf 1972
Loiselet, J.-L.: De quoi vivait M. Paris 1950
Michaut, G.: La jeunesse de M. Les débuts de M. à Paris. Les luttes de M. 3 Bde. Paris 1922–1925; Repr. Genf 1968
Schweizer, Heinrich: M. und seine Bühne. 4 Bde. Leipzig 1879–83
Sharoff, Gwendolyn I. A.: A reconstruction of the costumes of M's Troupe. 1653–1673. Diss. Univ. of Southern California 1981

5. Molière als Autor

a) Weltanschauung u. ä.

Arvanon, Jacques: Morale de M. Paris 1945
Krauss, Werner: M. und das Problem des Verstehens in der Welt des 17. Jahrhunderts. Düsseldorf 1953
Marchand, André: M. democrate. Angers 1926
Robra, Klaus: J. B. M., Philosophie und Gesellschaftskritik. Tübingen 1969
Soulaville, Ferd.: M. et le droit. Paris 1913

VAN BEEKOM, WILH. L.: De la formation intellectuelle et morale de la femme d'après M. Diss. Lille 1922

WECHSSLER, ED.: M. als Philosoph. Marburg 1915

b) Formen, Struktur, Sprache

ABRAHAM, CLAUDE: On the structure of M's comédies-ballets. Paris u. a. 1984

BERMEL, ALBERT: M's theatrical bounty. Carbondale 1989

BÖTTGER, FRIEDRICH: Die «Comédie-Ballet» von M.-Lully. Berlin 1930 – (Repr. Hildesheim, New York 1979)

BONZON, A.: Introduction à M. et au genre comique en France. Sao Paulo 1960

BURCHELL, MARY EILEEN O'NEILL: Rhetoric and M. A study of comic «agon». Diss. Tulane Univ. 1983

CAILHAVA, J.-FR.: De l'art de la comédie, (...) suivi d'un traité de l'imitation où l'on compare à leurs originaux les imitations de M. et celles des modernes. Paris 1772

CARMODY, JAMES PATRICK: M. and theatricality. Diss. Stanford University 1986

CONESA, GABRIEL: Le dialogue moliéresque. Paris 1983

CORNELISSEN, RALF: Drama und Sprechakttheorie. Stuttgart 1985

DEFAUX, G.: M. ou les métamorphoses du comique. Lexington 1980

DUHAMEL, RAOUL: Le rire et les larmes de M. Paris 1933

EUSTIS, A.: M. as Ironic Contemplator. The Hague, Paris 1973

FERNANDEZ, RAMON: M. ou l'essence du génie comique. Paris 1979

GARWOOD, RONALD EDWARD: M's «Comédie-Ballets». Diss. Stanford University 1985

GLASOW, E. THOMAS: M., Lully, and the Comedy-Ballet. Diss. State Univ. of New York 1985

GROSS, NATHAN: From gesture to idea. New York 1982

GUICHARNAUD, JACQUES: M., une aventure théâtrale. Paris 1989

GUTWIRTH, M.: M. ou l'invention comique. Paris 1966

HARTMANN, HERMANN: Die literarische Satire bei M. Diss. Tübingen 1910

HENKEL, HELMUTH: Das Denouement in den Komödien von M. Diss. Tübingen 1969

HORVILLE, ROBERT: M. et la comédie en France au XVIIe siècle. Paris 1983

HUBERT, J. D.: M. and the Comedy of Intellect. Berkeley 1962

JAGENDORF, ZVI: The happy end of comedy. Newark 1984

KLEINE, WINFRIED: Information und Informationsverhinderung in den Komödien M.s. Diss. Münster 1970

MARZI, JEAN-DENIS: M. Structure and comic rhythm. Diss. Fordham University 1982

MAURON, CHARLES: Psychocritique du genre comique. Paris [3]1985

PAUER, MONIKA: Der Monolog bei M. Diss. Wien 1972

PETIT, P.: Lulli et M. Paris 1974

PINTER, MARTHA P.: Theatricality in the late farce of M., 1666–1671. Diss. Ohio State Univ. 1981

POWELL, JOHN SCOTT: Music in the theatre of M. Diss. Univ. of Washington 1982

RICCOBONI, LOUIS: Observations sur la comédie et sur le génie de M. Paris 1736

RIGGS, LARRY W.: M. and plurality. New York u. a. 1989

RUMMEL, WALTER: Die Berücksichtigung der Schauspieler bei M.s Schaffen. Diss. Leipzig 1928

SALZMANN, WOLFGANG: M. und die lateinsiche Komödie. Heidelberg 1969

Stenzel, Hartmut: M. und der Funktionswandel der Komödie im 17. Jahrhundert. München 1987
Tiersot, Julien: La musique dans les comédies de M. Paris o. J.
Wadsworth, Ph. A.: M. and the Italian Theatrical Tradition. Columbia 1977
Warsitz, Franz V.: Die Personennamen bei M. Diss. Breslau 1928
Wesen und Formen des Komischen im Drama. Hg. von R. Grimm und K. L. Berghahn. Darmstadt 1975
Zanger, Abby Elizabeth: Lighting the wings. Performance in M's theatrical representation. Diss. John Hopkins Univ. 1984

c) Stoffe, Motive, Figuren u. ä.

Albanese jr., R.: Le dynamisme de la peur chez M. Univ. of Mississippi 1976
Baron, Emilio: Le serviteur de comédie, de Lope de vega à M. Diss. Montreal 1982
Bruyelle, Roland: Les personnages de la comédie de M. Paris 1946
Demers, M. R.: Le valet et la soubrette de M. à la Révolution. Paris 1970
Descotes, Maurice: Les grands rôles du théâtre de M. Paris 1960
Gaines, James Frederick: Social structures in M's theater. Columbus 1984
Griffis, Pamela Kay: Princes, princesses et grands seigneurs dans le théâtre de M. Diss. Paris-IV, 1977
Hops, Paul: Le sentiment de l'honneur dans le théâtre de M. Diss. Paris-IV 1984
Ilutowicz, Salomon: Le peuple dans le théâtre de M. Diss. Toulouse 1932
Jamal, Salim: Les Sganarelle de M. Diss. Paris-III 1984
Kapp, M.: Die Frauengestalten in M.s Werken. Halle 1923
Lemp, Richard W.: M. and medicine. Diss. Univ. of Arizona 1986
Miéville, H. A.: M. and the «déraisonnable». The abuses of authority. Diss. Univ. of Warwick 1983
Moraud, Y.: La conquete de la liberté de Scapin à Figaro. Paris 1981
Mullins, Marjorie: La famille au XVIIe siècle, d'après le théâtre de M. Diss. Toulouse 1927
Pizzari, Serafino: Le mythe de Don Juan et la comédie de M. Paris 1986

d) Zu einzelnen Werken

Arnavon, Jacques: Le *Don Juan* de M. Kopenhagen 1947
Barbéris, Pierre: «Le Misanthrope» de M. Paris 1983
Barnwell, H. T.: M., «Le Malade imaginaire». London 1982
Broome, J. H.: M., «L'École des Femmes» and «Le Misanthrope». London 1982
Butin, Jean: «L'École des femmes». Paris 1984
Dauvin, Sylvie und Jacques: M., «L'Avare». Frankfurt a. M., Paris 1984
«Dom Juan». Interviews de Jean-Luc Boutté et Marcel Bluwal. Paris 1985
Dullin, Ch.: *L'Avare*. Études sur la mise en scène. Paris 1946
Ferreyrolles, Gérard: M., «Tartuffe». Paris 1987
Gaillard, Pol: M. «Les Précieuses ridicules», «Les Femmes savantes». Frankfurt a. M., Paris 1984
Gambotti, Christian: «Dom Juan», M. Paris 1988
Hösle, Johannes: M.s Komödie Dom Juan. Heidelberg 1978
Horville, Robert: «Don Juan». Paris 1983
Horville, Robert: «Le Misanthrope» de M. Paris 1981

Kasparek, Jerry Lewis: M.s «Tartuffe» and the traditions of Roman satire. Chapel Hill 1976
Lindberger, O.: The transformations of Amphitryon. Stockholm 1956
Mallinson, G. J.: M., «L'Avare». London 1988
Mishriky, Salwa: Le costume de déguisement et la théâtralité de l'apparence dans «Le Bourgeois gentilhomme». Paris 1983
Mougenot, Michel: «George Dandin» de M. Paris 1988
Öhlmann, Werner: Don Juan. Frankfurt a. M. 1965
Peacock, Noel A.: M., «L'École des femmes». Glasgow 1988
Römer, Paul: M.s «Amphitryon» und sein gesellschaftlicher Hintergrund. Bonn 1966
Shaw, David: M., «Les Précieuses ridicules». London 1986
Tartar, Jacqueline: «Monsieur de Pourceaugnac» de M. Paris 1985
Zilly, Berthold: M.s «L'Avare», die Struktur der Konflikte. Rheinfelden 1979

6. Beziehungen, Wirkung, Rezeption

Albanese jr., R.: The M. Myth in nineteenth-Century France. In: Pre-Text, Context. Hg. von R. Mitchel. Ohio State Univ. 1980
Boucquey, Thierry Victor: Mirages de la farce. Fête des fous, Bruegel et M. Diss. Univ. of California, Irvine, 1985
Collinet, J.-P.: Lectures de M. Paris 1974
Comédies et pamphlets sur M. Hg. Georges Mongrédien. Paris 1986
Corvin, M.: M. et ses metteurs en scène d'aujourd'hui. Paris 1985
Descotes, M.: M. et sa fortune littéraire. Paris 1970
Ehing, Maria: Hauptphasen der M.-Kritik bis 1850. Diss. Köln 1942
Faguet, Ém.: Rousseau contre M. Paris 1912
Fiedler, M.: Max Reinhardt und M. Salzburg 1972
Hähnel, Oskar: Die Tendenz von M.s *Tartuffe* in der französischen Kritik. Diss. Heidelberg 1911
Höller, Hans: Der «Amphitryon» von M. und der von Kleist. Heidelberg 1982
Joost, Jörg W.: M.-Rezeption in Deutschland. 1900–1930, Carl Sternheim, Franz Blei. Frankfurt a. M. u. a. 1980
Knutson, Harold C.: The triumph of wit. M. and Restoration Comedy. Columbus 1988
Leipoldt, Anna Karin: M. und Holberg. Diss. Leipzig 1947
Mandach, André de: M. et la comédie de mœurs en Angleterre (1660–1680). Diss. Neuchatel 1946
Martinenche, E.: M. et le théâtre espagnol. Paris 1906
Nahas el-Homsi, Nabil el-: La fortune de M. sous la troisième République. Diss. Paris-III, 1976
Pighi, Laura: M. e il theatro italiano in Francia. Bologna 1958
Sorg, Bernhard: Der Künstler als Misanthrop. Tübingen 1989
Stoffel, Hans: Die Wirkung M.s auf die Entfaltung des deutschen Lustspiels der Aufklärung bis zu Lessings «Minna von Barnhelm». Diss. Heidelberg 1955
Szynkariuk, Ursula: M.-Aufführungen seit 1775 am professionellen Theater in Wien. Diss. Wien 1975
Toldo, Pietro: L'œuvre de M. et sa fortune en Italie. Torino 1910
Van Vree, Th. J.: Les pamphlets et libelles littéraires contre M. Diss. Paris 1936
Wagner, M.: M. and the Age of Enlightenment. Banbury 1973

NAMENREGISTER

Anjou, Herzog von 77
Anna von Österreich, Mutter Ludwig XIV. 23, 34, 52, 77, 80, 100, 108
Anouilh, Jean 74, 138, 146
Ariost 78
Aubry, Jean-Baptiste 119, 126
Aubry, Léonard 19, 21
Augustinus 137

Bab, Julius 65
Balzac, Honoré de 146
Baron, Michel 100 f, 102, 116, 117, 122, 125, 126, 128, 129, 131, 135, 143
Barre, Paulain de la; unb. Autor d. 17. Jh. 139
Baudissin, Wolf Graf 97
Baume, Marguerite de la 134
Beauchamps, Pierre de; Ballettmeister 115, 121, 122
Beaumarchais, Pierre Augustin Caron de 84
Beauval, Jeanne 116 f, 124
Béjart, Armande Gresinde 57 f, 59, 65 f, 68, *68*, 72 ff, 75, 76, 78, 79, 90, 91, 92, 100, 103, 110, 117, 119 f, 122, 124, 125, 128 f, 131, 140, 142, 144
Béjart, Géneviève 10, 21, *39*, 83, 103, 119, 141
Béjart, Joseph (Vater) 10, 72
Béjart, Joseph (Sohn) 10, *39*, 73, 141, 142
Béjart, Louis *39*, 106, 116 f, 143
Béjart, Madeleine 9, 10, 17, 19, 21, 22, 27, 32, 33, 34, *38*, 42, 44, 51, 56, 57, 67, 68, 72 ff, 90, 103, 110, 117, 119, 121, 128, 134, 135, 139, 141, 142, 143, 144
Béjart, Marie (geb. Hervé) 10, 21, 36, 72 ff
Benn, Gottfried 18, 96, 138
Bernier, François 16, 134
Beys, Denis 134
Biancolelli, Domenico 58
Boileau-Despréaux, Nicolas 60, *60*, 91, 103, 117 f, 131, 135, 137, 139, 142

Bois, Curt 123
Böll, Heinrich 44
Bonenfant, Nicolas 134
Bourgois, Cathérine 134
Boursault, Edme 65, *67*, 70, 137
Brecht, Bertolt 89, 138, 146
Brécourt (Guillaume Marcoureau) 69, 74
Brie, Cathérine de (Le Clerc du Rozet) 32, *38*, 56, 57, 69, 103, 119
Brie, Edme de (Villequin) 32, *39*
Brinvilliers, Marquise de 135
Brulon, Apotheker 103
Bussy-Rabutin, Graf Roger de 101, 138

Calvimont, Mme de 26
Chalussay, Le Boulanger de 112, 115, 122, 134, 139
Champvillon, Harlay de; Erzbischof von Paris 129
Chapelain, Jean; Kritiker und Dichter 137
Chapelle (Claude Emmanuel L'Hullier) *14*, 16, 57, 91 f, 103, 135, 139, 143
Chaplin, Charlie 7
Charpentier, Marc Antoine; Komponist 121, 122, 144
Chauveau, François; Kupferstecher 143
Chevalley, Sylvie; Bibliothekarin der Comédie Française 133
Choiseul, Marschallin von 74
Clerin, Germain 134
Colbert, Jean-Baptiste; Finanzminister 137
Condé, Ludwig II. v. Bourbon, «Der große Condé» 10, 83
Conti, Armand de Bourbon; jüngerer Bruder von Ludwig 26 ff, *26*, 34, 84, 91, 134, 141, 143
Cormier; Direktor einer Wandertruppe 26
Corneille, Pierre 25, 32 f, 34, *37*, 55, 72, 73, *82/83*, 117, 135, 137, 138, 140, 141, 143
Corneille, Thomas 33, 136, 141

Cosnac, Geistlicher und Politiker 27, 34, 135
Cotin, Abbé 118, 119, 131, 139
Crequi, Herzog von 74
Cressé, Louis; Großvater Molières 12, 141
Cressé, Marie; Mutter Molières 12, 134, 141
Croisy, Marie du 36, 69, 142
Croisy, du (Philibert Gassot) 36, 136, 142
Croix, Philipp de la; Dichter 72
Cyrano de Bergerac, Savinien de 15, 16, 134, 139

Daquin, Louis-Henry; Arzt 90
D'Assoucy; «Kaiser der Burleske» 30 f, 31, 131, 136, 140
Daubray; Lieutenant civile 21, 135
Demokrit 91
Descartes, René 14, 134
Desmarest, Jean; Dichter 57
Diderot, Denis 111, 139
Didier; Bühnenautor 135
Dufresne, Charles 21, 22, 25, 39, 141
Dumas, Alexandre père 136

Eckermann, Johann Peter 124, 140
Epernon, Herzog von 21, 23, 141

Feuillade, Herzog von 64, 64, 140, 142
Fleurette, Cathérine; Stiefmutter Molières 12, 141
Fouquet, Nicolas; Finanzminister 52, 136
France, Anatole 128
Friedell, Egon 139
Furetière, Antoine; Schriftsteller 136

Gassendi, Pierre; Philosoph 13, 14 f, 16, 134
Gautier, Théophile 146
Geoffreoy, Julien-Louis 145
Goethe, Johann Wolfgang von 7, 10, 38, 124, 135, 140, 145
Gogol, Nikolai 107
Gorla, Jacques de; Vater der Marquise du Parc 25
Gracian (Girolamo Graziani) 81

Grass, Günter 44
Grimarest, Jean-Léonor le Gallois; Molières erster Biograph 16, 27, 103, 125, 126, 134 f, 138
Guérin-d'Estriché 144
Guiche, Herzog von 79
Gutkind, C. S. 89, 138

Hardy, Alexandre; Bühnenautor 138
Hauptmann, Gerhart 98
Heiß, Hans 89, 138
Henriette von England 72, 74, 80, 115
Hensel, Georg 139
Herder, Johann Gottfried von 21
L'Hermite, Tristan; Bühnenautor 19, 135
Herodot 140
Hervé, Marie s. Béjart
Hesnaut, Jean 16, 134
Hofmannsthal, Hugo von 115
Hubert, André 74, 122

Jodelet (Julien Bedeau) 36, 46, 47, 142
Johnson, Dr. Samuel 28
Jouvet, Louis 146
Jurgens, Madeleine 8, 112, 134

Kahane, Arthur 135
Kant, Immanuel 75
Kleist, Heinrich von 105, 139

La Bruyère, Jean de 82/83
Lafenêstre, Georges 146
La Fontaine, Jean de 61, 62, 82/83, 103, 117, 132
Laforest; Wirtschafterin Molières 122, 126
La Grange (Charles Varlet) 36, 40, 43, 51, 68, 74, 90, 102 f, 108, 119, 122, 127, 131, 134, 136, 139, 142, 143, 144
Lamoignon, Guillaume de; Parlamentspräsident 101
La Mothe Le Vayer 16, 34, 82, 119, 134
La Rochefoucauld 26, 82/83, 100
La Vallière, Herzogin von (Louise Françoise De La Beaume Le Blanc) 52, 54, 80, 104

Le Brun, Charles 110
Lechat; Priester 126
Leibniz, Gottfried Wilhelm 96, 145
Lenclos, Ninon de 40, *82/83*, 136
Lenfant; Priester 126
Lenormand, Pierre 10
L'Hullier; Vater von Chapelle 16
Lichtenberg, Georg Christoph 65, 115
Liebermann, Rolf 147
Liselotte von der Pfalz 119, 121, 144
Loiseau, François; Priester 129
Lomenie, Leonard de; Schwager Molières 83
Loret, Jean; Kritiker 34
Lotheisen, Ferdinand 135
Ludwig II. von Bayern 76
Ludwig XIV. «der Sonnenkönig» 34, 41, 44, 50, 51, 52, 55, 62, 65, 67, 71, 72, 74, 76, 77, 78, 80 f, *85*, 90, 101, 104 f, 108 f, 115, 120, 121, 122, 128, 129, 131, 137, 142, 143, 144
Lukrez 16
Lully, Jean-Baptiste (Giovanni Battista Lulli) 56, 57, 103, 106, 115, 117, 120, 131, 137, 139, 143, 144
Lulong, Claude 138
Luther, Arthur 70

Magnon, Jean; Bühnenautor 58
Malherbe, François de 37, 136
Malingre, Madeleine 134
Mallet, Daniel; Tänzer 19, 141
Mauvillain; Hausarzt Molières 109
Maxfield-Miller, Elisabeth 8, 134
Mazarin; Kardinal 51
Mazuel; Musikerfamilie 12
Ménage; Literat 139
Menou s. Armande Béjart
Meredith, George 16
Meyer, Jean 33, 136
Michaut, Gustave 135
Michelangelo 110
Mignard, Pierre 32, *33*, 72, 73, 110, 119, 121, 130, 139, 141
Mitallat; Theaterdirektor in Lyon 32
Modène, Graf Rémond Esprit de 10, 32, *33*, 34, 74, 90, 134, 138, 143
Molière, François de 135

Mollier; Ballettmeister und Musiker 135
Montespan, Marquise Françoise-Athénais 104, *107*
Montfleury; Schauspieler am Hôtel de Bourgogne 67, 70, 72
Montfleury, Antoine 72, 138
Montreuil; Dichter 91
Monval, Georges 137
Moreto y Cavana, Don Augustín 138
Morgenstern, Christian 115

Neuber, Caroline 22
Nietzsche, Friedrich 72
Novalis (Friedrich von Hardenberg) 46

Olier; Pfarrer 135
Orléans, Herzog von; Bruder des Königs 34, 119, 121, 134
Ovid 140

Palatine, Prinzessin 83
Pallenberg, Max *111*
Parc, Marquise Therese du, geb. de Gorla 25, 27, 32, 33, 36, *39*, 57, *62*, 91, 100, 101, 143
Parc, du (Berthelot, gen. Gros-René) 25, *38*
Pavillon, Bischof 27, 135
Paysant; Priester 126
Péréfixe, Hardouin de; Erzbischof 80, *81*, 103, 129, 143
Petit, Claude le 58, 90
Petrarca 110
Pinel, Georges 134
Plautus 106, 107
Poisson, Mme, Tochter des Schauspielers du Croisy 136
Poquelin, Esprit Madeleine; Tochter Molières 90, 124, 128, 138, 143
Poquelin, Jean; Großvater Molières 141
Poquelin, Jean; Vater Molières 10, 12, 14, 18, 21, 25, 33, 110, 134, 141, 143
Poquelin, Jean; Bruder Molières 18, 46, 141, 142
Poquelin, Jean-Baptiste-Armand; Sohn

Molières 120, 144
Poquelin, Louis; erster Sohn Molières 72, 74, 81
Poquelin, Marie-Madeleine; Schwester Molières 90, 143
Poquelin, Nicolas; Onkel Molières 12, 141
Prades, Roger de 16, 134
Proust, Marcel 93

Quinault, Philippe; Dramatiker 117, 143

Rabelais, François 104
Rachel-Montalant, Claude de 138
Racine, Jean 25, 80, *82/83*, 90 f, *93*, 97, 101, 122, 131, 135, 137, 138, 143
Raguenot, Marie (Marotte) 119
Raisin, Mme; Leiterin einer Kindertruppe 100
Rambouillet, Marquise de (Cathérine de Vivonne) 37 ff
Ratabon; Oberintendant der königlichen Bauten 49, 142
Reinhardt, Max 56, 111, 112
Rennert, Günther 116
Renoir, Jean 7
Retz, Kardinal 27
Reveillon, Cathérine 122
Richelieu, Kardinal 50, 52
Robinet; Kritiker 138
Rohault, Jacques 16, 121
Rouchemont; Phamphletist 90, 143

Sainte-Beuve, Charles Augustin 145
Saint-Simon, Herzog von 129
Sarrasin, Dichter und Sekretär des Prinzen Conti 27, *28*, 135
Scaramouche (Tiberio Fiorelli) 17, *17*, 19, 58, 117, 142
Scarron, Paul 21, 42
Schiller, Friedrich von 108
Schopenhauer, Arthur 12, 93, 134
Schweitzer, Dr.; Molièrist 133, 138
Scudery, Madeleine de; Romanautorin 39
Seneca 13
Shakespeare, William 7, 24, 140
Staël, Germaine de 117
Stanislawski (Konstantin Sergejewitsch Alexejew) 65
Stendhal, Friedrich von 145
Strauss, Richard 115
Strindberg, August 98

Teich, Walter 108, 139
Terenz 140
Tilley, A. 138

Urlis, Cathérine des 134

Vigarini; italienischer Bühnenbildner 106, 115
Villiers; frz. Bühnenautor 138
Visé, Donneau de 61, 64 f, 72, 112, 121 f, 134, 137, 142

Wedekind, Frank *113*
Wolff, Prof. Dr. Max 96, 134

ÜBER DEN AUTOR

Friedrich Hartau, geboren am 7. Oktober 1911 in Dresden, schlesischer Herkunft. Gymnasium in Görlitz. Buchhändler, Schauspieler, erste Inszenierungen in Waldenburg. Puppenspieler, Conferencier, Autor von Freilichtspielen. Ab 1937 Staatstheater Kassel, Regieassistent und Dramaturg, Rundfunksprecher. Ab 1941 Soldat. Vier Jahre Rundfunkberichter in Rußland. Nach dem Krieg Chefdramaturg und Regisseur am Staatstheater Kassel. Bühnenstück «Die letzte Nacht», Rowohlt Verlag, verfilmt mit Sibylle Schmitz und Karl John. Theaterstück «Der Lord von Barmbek» mit Arno Assmann. Kurz vor der Währungsreform Gründung eines Theaters (Die junge Bühne, Kassel). Filmdramaturg, Drehbuchautor, fünfzehn Jahre Feuilletonchef in Hamburg; Theater-, Film- und Literaturkritiker. Nebenher Vortragsreisen und Gastspiele als Schauspieler. Fernsehspiele: u. a. «Die Flasche» nach Ringelnatz, «Kleine Hafenorgel» nach Hans Leip, «Der Fall Maria Schäfer». Herausgeber von Anthologien. Übersetzungen verschiedener Komödien von Molière. Friedrich Hartau starb 1981.

QUELLENNACHWEIS DER ABBILDUNGEN

Puschkin-Museum, Moskau: 6 / Privatsammlungen: 9, 43, 76 / Agnès Varda, Paris: 30 / Versailles, Museum: 33 / Comédie Française: 35, 40, 41, 47, 73, 130 / Musée des Arts Décoratifs, Paris: 52/53, 75 / Bibliothéque Nationale, Paris: 77 / Rowohlt Archiv: 88 / Photo Rutaut-Télé 7 Jours: 96 / Aus: Leonhard M. Fiedler, Max Reinhardt und Molière. Salzburg 1972: 113 / Musée Granet, Aix-en-Provence: 121 / Foto Rosemarie Clausen, Hamburg: 123.

Die Bildvorlagen wurden zum Teil französischen Publikationen entnommen, vor allem dem reich illustrierten Buch «Molière en son temps» von Sylvie Chevalley (Paris 1963).

rowohlts bildmonographien

Thema Literatur

Bernhard Jendricke
Alfred Andersch (395)

Erling Nielsen
Hans Christian Andersen (5)

Helene M. Kastinger Riley
Achim von Arnim (277)

Helmut Hirsch
Bettine von Arnim (369)

Gaëtan Picon
Honoré de Balzac (30)

Pascal Pia
Charles Baudelaire (7)

Christiane Zehl Romero
Simone de Beauvoir (260)

Klaus Birkenhauer
Samuel Beckett (176)

Bernd Witte
Walter Benjamin (341)

Walter Lennig
Gottfried Benn (71)

Klaus Schröter
Heinrich Böll (310)

Peter Rühmkorf
Wolfgang Borchert (58)

Marianne Kesting
Bertolt Brecht (37)

Ernst Johann
Georg Büchner (18)

Joseph Kraus
Wilhelm Busch (163)

Hartmut Müller
Lord Byron (297)

Morvan Lebesque
Albert Camus (50)

J. Rives Childs
Giacomo Casanova de Seingalt (48)

Elsbeth Wolffheim
Anton Cechov (307)

Anton Dieterich
Miguel de Cervantes (324)

Peter Berglar
Matthias Claudius (192)

Peter Nicolaisen
Joseph Conrad (384)

Kurt Leonhard
Dante Alighieri (167)

Johann Schmidt
Charles Dickens (262)

Klaus Schröter
Alfred Döblin (266)

Janko Lavrin
Fjodor M. Dostojevskij (88)

Peter Berglar
Annette von Droste-Hülshoff (130)

Heinrich Goertz
Friedrich Dürrenmatt (380)

Paul Stöcklein
Joseph von Eichendorff (84)

Johannes Kleinstück
T.S. Eliot (119)

Jürgen Manthey
Hans Fallada (78)

Peter Nicolaisen
William Faulkner (300)

Reinhold Jaretzky
Lion Feuchtwanger (334)

C 2058/7

rowohlts bildmonographien

Thema Literatur

Yves Bonnefoy
Arthur Rimbaud (65)

Herbert Günther
Joachim Ringelnatz (96)

Helmuth Nürnberger
Joseph Roth (301)

Paul Mayer
Ernst Rowohlt (139)

Walter Lennig
Marquis de Sade (108)

Luc Estang
Antoine de Saint-Exupréry (4)

Renate Wiggershaus
George Sand (309)

Marion Giebel
Sappho (291)

Walter Biemel
Jean-Paul Sartre (87)

Friedrich Burschell
Friedrich Schiller (14)

Ernst Behler
Friedrich Schlegel (123)

Hartmut Scheible
Arthur Schnitzler (235)

Jean Paris
William Shakespeare (2)

Hermann Stresau
George Bernhard Shaw (59)

Manfred Linke
Carl Sternheim (278)

Urban Roedl
Adalbert Stifter (86)

Hartmut Vincon
Theodor Storm (186)

Justus Franz Wittkop
Jonathan Swift (242)

Fritz Heinle
Ludwig Thoma (80)

Wolfgang Rothe
Ernst Toller (312)

Janko Lavrin
Leo Tolstoj (57)

Otto Basil
Georg Trakl (106)

Tschechow
(siehe Cechov)

Klaus-Peter Schulz
Kurt Tucholsky (31)

Thomas Ayck
Mark Twain (211)

Volker Dehs
Jules Verne (358)

Hans-Uwe Rump
Walther von der Vogelweide (209)

Günter Seehaus
Frank Wedekind (213)

Jochen Vogt
Peter Weiss
(367) Juni '87

Peter Funke
Oscar Wilde (148)

Werner Waldmann
Virginia Woolf (323)

Marc Bernard
Émile Zola (24)

Thomas Ayck
Carl Zuckmayer (256)

C 2058/7 c